ロードマップ

The ROADMAP

JN213620

はじめに

本書を手にとっていただきありがとうございます。この本はあなたの人生のロードマップをつくるものです。

突然ですが皆さんは、理想の人生を歩んでいますか？　今の働きかたや生活、人間関係に不満なく幸福に生きていますか？

当然ほとんどの人はＮＯと答えるでしょう。通勤電車に乗れば暗い面持ちで会社に向かい、ＳＮＳでは殺伐とした書き込みがあふれています。日本社会は沈鬱とした閉塞感に満ちています。そんななかで自信を持ってＹＥＳと答えられる人はごく稀でしょう。

しかし皆、一所懸命生きています。多少サボりはしたかもしれないけれど、親から言われたとおりに勉強して進学し、就職までして社会の歯車として必死に頑張ってきました。上司に逆らうこともなく、言われたことをしっかりこなし、他人と比べても不足なく努力してきたはずです。

それなのになぜ幸せをつかめないのでしょうか。それなのになぜ日々は暗く感じるのでしょうか。

それは「ロードマップ」がないからです。ロードマップとは、何を目的にどう頑張るかといった人生の指針となるものです。マラソンでいえばゴールがあるから、人は42．195㎞という長距離を走ることができます。このゴールと走る道筋の設定がロードマップです。マラソンにゴールがなくてもあなたは走ることができるでしょうか？　皆さんは自分の人生のゴールを設定していますか？　なんのために働いているのですか？　なんのために努力しているのですか？

お金？　会社？　出世？

それらが幸せにつながると漠然と考えているのかもしれません。しかし、幸せとは人それぞれ違うものです。幸せだと感じるのは主観です。自分が感じるものです。しかしながらお金や地位や出世は他人が決めた物差しであり基準です。ここに矛盾があります。

お金をたくさん稼いでも幸せになれないし、出世しても幸せになれません。実際に、20代と比べて30代、40代とお金も地位も向上しているかと思いますが、幸せになっているでしょうか。

他人の基準に従って忠実に努力したとして、それがなぜ主観的な幸せにつながるというのでしょうか。その生きかたは奴隷に近しいと思います。むしろそうした他人が決めた生きかたに隷属して生きているから、いつまでも幸せになれないのです。肝心なのは自分で決めた「ゴール」を定めることです。そしてゴールが決まれば走りかたが見えてきます。このロードマップの設計こそが、ほぼすべての日本人に欠けている作業です。皆、他人に操られ、他人の決めた価値観に踊らされている。それはまるでゴールのないマラソンをひたすら走っているようなものです。

私は「MB」という一風変わった名前で、本業は洋服屋です。その傍ら、書籍やメディア出演などでファッションの情報を発信していて、著作『最速でおしゃれに見せる方法』、原作を担当しているマンガ『服を着るならこんなふうに』は累計200万部を突破、そのほか、冠テレビ番組『MBの俺のドラ1』やラジオ番組『MBのトレンドレポート』など複数出演しています。台湾や中国などでも翻訳出版されていることもあり、日本屈指のメンズファッションインフルエンサー・ファッション作家と言って偽りないと思います。

同時にまた、仏教や哲学の知見を活かし、ビジネス書出版や音声配信アプリVoicyでの情報配信なども行い、人生相談も10年近く受けているので、たいていの悩みは手をとるようにわかります。本書もVoicyでの配信内容をわかりやすくまとめたものです。

MBの『もっと幸せに働こう』!!

https://voicy.jp/channel/1723

私がほかのビジネス作家や経営者と比べて特別なところは「持たざる者である」ということでしょうか。資格も学歴も、誇れる履歴書は何一つ持ち合わせていません。雪国新潟県に生まれ、低収入の貧しい家庭で育ち、学歴は地方大学出身、職歴は地方の販売員で年収200万円程度。見た目も中身も初期のステータス値はきっと皆さんより低いでしょう。

本書も難解な単語は一切登場しませんし、複雑な話もありません。誰でも理解できるようにわかりやすく書いているつもりです。持たざる者ゆえの内容なので、安心して読み進めてください。

本書では人生のロードマップ設計を目的としています。概念から始まり、ロードマップの描きかた、そして途中で困ることのケーススタディ、さらに働きかたのパターン別攻略法などを記しました。

一所懸命に生きているのに幸せにたどり着かない人に向けて、丁寧に解説していきますので、私と一緒に人生のロードマップをつくっていきましょう。

はじめに

ロードマップ

第2章 わかっていても人は動けない

第3章　僕たちはどう生きるのか

第1章　奴隷と王様の違い

奴隷の論理

「まるで奴隷じゃないか……」。

そう感じたのは20代の後半のころでした。仕事に忙殺され、毎朝同じように出社して毎晩同じように退勤する。食事はマクドナルドとすき家の繰り返しで、家では疲れ果てて泥のように眠るだけ。休日は会議の準備に追われ、月曜日には売り上げ目標が達成できていないと延々となじられる。そこに自由はなく、まさに奴隷のような生活でした。

「どうして自殺までしてしまうのでしょう。会社を辞めてしまえばいいのに……」。出勤中に聴いていたラジオで、一流上場企業に勤めていたサラリーマンが社内で自ら命を絶ってしまったという痛ましいニュースに際して、あるパーソナリティがこう放言しました。

文化人なのにそんなこともわからないのか。辞めようと思っても辞められない。転職なんてできないし、ここで生きるしかない、だから上司に絶望されると人生が終わったように感じるんだよ……。そんなふうに嘆息しながら職場であるショッピングモールには向かわず、あえて遠回りしたことを今でも思いだします。

本書を手に取った方も同じように感じていませんか。

私ほどブラックな暮らしかたでなかったとしても、仕事に満足していない、生活には不満しかない、でもそれを脱する勇気も度胸もきっかけもないという方は多いでしょう。20代では、いつか好転する、チャンスがやってくると思っていても、30代になっても何も変わりません。経験が豊富になり知見が養われてくると、40代はこうなって、50代はこうで、60代にはこうなるとリアルな未来予想図ができあがり、その閉塞感に目眩がしてきます。そして実際に40代にもなるともうとり返しがつきません。

１８６３年にリンカーン大統領が奴隷解放宣言を行ってから奴隷制は廃止されたはずなのに、現代には新しい形の抑圧が生まれているように感じます。社長や役員を見れば自由に好きなように生きています。気に入らないものには遠慮なくＮＯと言うし、権力を行使して好きなように人事権を発動しています。目の前にお金があれば王様のように蕩尽しています。私たちはそれを支えるために身を粉にして働いている。そしてこの関係性は簡単に覆ることはありません。

しかし安心してください。本書はこういった現代の奴隷から解放されるための指針です。我々は人間らしい生きかたを取り戻すために行動する必要があり、本書はそのための方法を提案していきます。奴隷には奴隷の戦いかたがあります。王様に対して力で真っ向から戦っても勝てません。我々は奴隷という不当な立場に甘んじることなく、王様を倒す工夫をせねばならないのです。

仕事に不満があるけれど改善できない。
転職したくてもできる気がしない。
一所懸命仕事しているけど成果を得ることができない。
やる気はあるけれど何を努力すればいいのかわからない。
自分の決断に自信がない。

お金が稼げずに、毎月が苦しい。
日々の生活に幸福感がない。
なんのために生きているのかわからない。
楽しいことがわからない、自分が何をしたいかすらわからない。

そんなふうに思っている人は必読です。王様に戦いを挑むために、奴隷ならではの戦いかたを教えましょう。

持たざる者の戦いかた

市川海老蔵さん（現・市川團十郎）のブログを読んだことがありますか？　私はＷＥＢマーケティングの仕事をしていたので、集客に成功している人のブログやＨＰを読み込んで研究していた時期がありました。

海老蔵さんのブログはまさに王様の戦いかたです。例えば、２０２４年10月24日午前９

時半ごろのブログには、花の写真が2枚掲載されていて「朝飯かな、」と書かれているのみ。

海老蔵さんのブログはこうした更新が大半です。海老蔵さんは一日に20回以上もブログ更新をすることで知られていて、更新頻度がヒットの要因だとする分析もあるようですが、当然のことながら無名の一般人がこんなブログを書いてもアクセスは1PVも増えません。

一方、海老蔵さんはこのやりかたでアメーバブロランキング総合1位を獲得。現在もトップブロガーとして走り続けています。

知名度や影響力というオーソリティが存在しているからこそできる、まさに王様の戦いかたです。

ではSNSにおける奴隷の戦いかたとは一体どのようなものでしょうか。一つ具体例をあげましょう。

以前、あるファッション専門学校で講師をした際に、熱心に質問してくれる若者がいました。興味を惹かれて話をしたら、SNSでわずか1000人程度のフォロワーしかいないにもかかわらず、自分でリメイクした古着を販売して月に5~10万円もの売り上げを得ているといいます。

モノを売るためには集客が必要です。この世の中には買い上げ率といって、来店者の何％が購入に至ったのかを表す目安があります。ネットの世界では０・１％程度と極めて低い数字が基準とされています。つまり一人に買ってもらうには、およそ１０００人を集めなくてはなりません。

さらに客単価についても、ブランディングが丁寧にされている洋服ならともかく、学生が古着をリメイクした程度の洋服に数万円を払う客はいません。１０００人程度のフォロワーで月に10万円も売り上げるということは、普通では考えにくいことです。

客単価をよく見積もって５０００円程度、買い上げ率が０・１％だとすると、通常は２万人のフォロワーが必要になるからです。ＳＮＳで２万人も集めようとすると、それなりのコンテンツ力が必要で、それはまさに王様の戦いかたとなるでしょう。しかし彼は１０００人しか集められていないにもかかわらず、一見、王様にも負けない戦いかたをしているのです。どうやって実現していたのでしょうか？

彼は投稿にコメントがつくたび、フォローされるたびにいちいちダイレクトメールで返信していました。例えば、自分のコーディネートをアップした写真にコメントがつけば、コメント返しはもちろん、ＤＭで丁寧にお礼をします。見知らぬ人に対してあたかも友人かのように振舞っていたのです。これがまさに、奴隷の戦いかたのお手本です。

ところで皆さんは、美容室は何を基準に選んでいますか？

全国の美容室の数はコンビニの５倍近くもあるといわれ、典型的な供給過多の乱立状態にあります。同じような美容室が多数あるなか、お客様は何を基準に、その店舗を選んでいるのでしょうか。技術の差と言われても感覚的なもので、しかも客観的にはわかりにくい。比較選択が難しいはずなのに、いつも同じ美容室に通っている人が多いはずです。毎回変えているという方は稀でしょう。

その答えは、なじみの美容師がいることです。どこで切っても大差ないし、いつものあの人にしようと、顔見知りから優先して選んでいる。もちろん、長年の付き合いで髪のクセがわかってくれているといった実用的な側面もあるとは思いますが、顔見知りの効果は無視できないほど大きいと思います。

居酒屋などの飲食店でも、強烈に好みの一品があるわけではないけれど、顔見知りがいるから通っている場合があります。このように商売には、友達になれば勝ち筋という鉄則があります。誰しも見知らぬ人にお金を払うより、友達や顔見知りにお金を払いたいと思うからです。

彼の戦いかたはまさに友達作戦です。ＤＭを送って距離を縮めて仲よくなり「友達」になるまでやりとりをする。その結果、フォロワーは「いいヤツだし、ちょっと買ってやるか」と購買が発生します。昭和の時代からあるセールスの神業「ダイレクトマーケティング」のお手本です。

これは王様にはできません。

月間１０００万ＰＶ以上もある海老蔵さんが一人ひとりにＤＭを送り返すことは物理的に不可能です。インスタグラムも2万人のフォロワーがいるとコメントはそれなりの量になります。コメント対応すらできないでしょう。そもそも数の論理で売ることができるので、一件一件に丁寧にＤＭを送るなど非効率きわまりない。

だからこそ、そこに付け入る隙があります。

王様はお客様一人ひとりを丁寧に扱うことはできません。だから顧客に寄り添った満足度を与えることはできない。しかし奴隷は、相手にするお客様が少ないので一人ひとりを丁寧に扱うことができます。一人あたりの満足度を上げれば、買い上げ率の増加につながります。近年インスタグラムではこういったDMマーケティングが流行していますが、彼はその先駆けでした。現在はこれを自動化しようという取り組みもあるようですが、文章が画一的になりONE to ONEではなくなるので効果は下がります。やはり奴隷にしかできない、手作業でやるからこそ勝てる戦いかただと思います。

もちろん月に5～10万円なんてたかが知れています。しかし、副業としては優秀だし、モチベーションも十二分に生まれてくる金額でしょう。ここから規模を拡大していくことも考えられます。奴隷の戦いかたで王様になることも可能なのです。

このように我々奴隷には我々の戦いかたがある。

本書は決して影響力のある人に向けたものではなく、仕事ができるビジネスマンに贈るものでもありません。奴隷的な働きかた、生きかたを強いられている人に対して戦略と勇気を与えるものです。専門用語を極力使わずにわかりやすく説いていきますので最後までお付き合いください。

【奴隷の論理】３つの戦略

本書では持たざる者が取るべき戦略を「奴隷の論理」と名付けています。イメージソースはマンガ『賭博黙示録カイジ』です。響きはよくありませんが、言いたいことが伝わりやすいのであえてそう表現しています。

すべてを持つ王様に対抗するために、何も持たない奴隷はどう戦うべきか。具体的な戦いかたは後述するとして、まず持たざる者である奴隷の大枠となる戦略を固めていきましょう。資本力もない、影響力もない、権威も名声も一つもない。そんな奴隷たる我々がこの戦場で戦うためには、まず３つの戦略を定める必要があります。これはサラリーマンでも起業家でも学生でもすべてに共通しています。

「奴隷の論理」の３つの戦略とは次のとおりです。

①生存領域を見つける。

②ロードマップを描く。
③具体化して習慣にする。

【奴隷の論理①】生存領域を見つけよ

一つひとつ丁寧に説明していきましょう。まずは「生存領域」です。

私は20代のころ、新潟県でセレクトショップの販売員として働いていました。最初に配属された店舗には手練れとも言える販売員が在籍していて新卒社員だった私に勝てるポイントは一つもありませんでした。

販売員というのはある種のファンビジネスの側面があり、何度も通ってくれる顧客がいると安定して日々売り上げることができます。つまりこの局面での敏腕販売員は王様であり、すでに影響力を持っています。

お客様に「おすすめできるアイテムが入荷したので今週来られますか？」と連絡して簡単に集客とセールスを行うことができます。一方、私には顧客が一人もいません。これはまさに王様vs.奴隷の構造でした。

最初の半年はまったく勝負になりません。個人売り上げは店内最低です。無論、新卒はこれからという空気がありますから、誰も私を責めません。しかし、末っ子気質で負けず嫌いの私には耐えられませんでした。そこで休日を返上して図書館にこもり、真剣に王様を倒す方法を考えはじめたのです。

セレクトショップというのはさまざまなアパレルブランドを扱う店舗のことで、仕入れ担当のバイヤーや店長が吟味したブランドやアイテムを店舗に並べて独自の世界観をお客様に提案して商品を販売しています。地域一番店の規模であった私の店舗でも多くのブランドを取り扱っていて、それらには概ね担当の販売員がついていました。

多くのお客様に好まれるメインブランドにはエース格の販売員がつき、豊富な商品知識でこなれた提案をして売っていきます。彼らはこれまでの積み重ねから、「去年のモデルより〜」「一昨年は〜」と比較提案することができます。これは新卒である私にはできません。過去のコレクションなどでデータとして知ることはできても実際に試着をしたわけではないので、感触や風合いなどを言葉では説明できないことが多いからです。

こうして顧客の数だけでなく知識量も経験値も提案力もすべてにおいて劣っている私が、売り上げで勝てるはずもありません。

しかし入社半年後にチャンスが訪れます。単価の高い日本の新規ブランドを扱うことになったのです。店は、価格帯から顧客には受け入れてもらえないと躊躇していました。しかし、メーカーとの付き合いもあり、少数仕入れを行って販売することになり、私はこれを絶好の機会だと捉えたのです。

私はもともと海外ブランドのデザインが好きで、所持していた枚数こそ少なかったものの、高級ブランドの名前やテイストは把握していました。

その知識から考えても高価格帯ですが、海外のハイブランドに比べると手頃な価格設定で、クオリティは比較してもそう変わりません。ハイブランドを見慣れている人であれば、素材もディティールもデザインも価格も納得できるレベルです。

つまり、現在のお客様には高いけど、普段から海外ブランドを買っているお客様にすれば安いと判断したわけです。ここに私は商機を見いだしました。

当時の私には顧客と呼べるお客様が少なく、客数をとることができません。であれば単価で勝負すべきです。売り上げはシンプルに、客数×客単価の掛け算です。客数で劣るなら客単価で勝つしかありません。誰も担当がついていない、かつ売るのが難しいであろうこの新規ブランドを制すことができれば、王様に一矢報いることができるかもしれない。そう考えて名乗りをあげたのです。そうして武器を一つ手に入れました。

奴隷である私たちは、まず「生存領域」を見つけなければなりません。もし自分がセールスマンや販売員で、売る商品を選ぶことができるなら、皆と同じ商品を皆と同じように売っていても差がつきません。皆と異なる成果を得たいのであれば、違う行動をとる必要があります。

売るものを変えるか、売りかたを変えるか。奴隷は皆と同じところで戦うのではなく、ここなら勝てるという「生存領域」を見つけなければならないのです。それは言い換えると、ニッチなジャンルで１位をとれ、ということになります。

しがない販売員は、新規ブランドに「生存領域」を見いだしました。これは偶然巡ってきたチャンスだったのでしょうか。お釈迦様の蜘蛛の糸を待っていればチャンスをつかむことはできるのでしょうか。

「生存領域①」個性を深掘りせよ

もちろん、偶然チャンスをつかむことはできません。事前に準備しておくべきです。自分の生存領域を見つけるには、「個性を深掘りすること」「ブルーオーシャンを探すこと」が必要です。

最初にまず皆さんは自分の「個性」を蔑ろにしていることを自覚してください。何が得意なのか、何が好きなのか、なんなら努力できるのか、苦労を感じないのか。これらをもっと真剣に探しましょう。

我々は日本で能力の平準化を目指す学校教育を受けて育ったので、改めて個性を探すことに慣れていません。就職活動でも自分がやりたいことに悩み、その結果、給与、成長性、休日日数など会社が提示する条件で就職先を探している人が多いと思います。しかし当然のことながら自分の個性を活かしていない仕事をしても生産性は高くなりません。

子供のころに母親から「ゲームは一日一時間でやめなさい！」と怒られても、隠れてこっそり続けていたはずです。好きとは才能であり、原動力です。好きなことを仕事にしている人は、探究心や継続力が段違いなのでどうやっても太刀打ちできません。

また得意なことを仕事にしている人にも勝てません。最初からステータスが異なるので、いくら努力してもその差は埋まらないからです。時間や労力を注いでキャッチアップすることもできますが、最初から得意なことを仕事に選んだほうがいいに決まっています。

個性を無視して条件で仕事を選ぶと、平均的な成果しか得られず、泣かず飛ばずになります。しかし、個性で仕事を選ぶと仮に条件が悪かったとしても活躍して社内で影響力をつけることができます。それに何より仕事に対して前向きになれるので、幸せに働くことができるようになります。

我々は自分が何を好きか、何が得意かを見定めることをせずに、条件で仕事を決めています。だからどんぐりの背比べになるのです。大事なのは、自分の基礎ステータス値をあらかじめ把握しておくことです。

ＲＰＧ（ロールプレイングゲーム）で魔法使いを最前線で戦わせても活躍しません。同様に戦士を後方でバックアップに任命しても薬草を使うのが関の山でしょう。自分が何者かも知らずに戦場にいる人の気持ちが私には疑問で仕方ありません。

新卒時に海外ブランドには詳しかった私が、高単価商材を選んで戦ったのは大正解でした。ほとんどのお客様には相手にされませんでしたが、たまに来店する海外ブランドを知る服オタクや富裕層にセールスして、客単価とセット率（平均買い上げ点数のこと）で個人売り上げトップをとる月が出てきたのです。

もちろん個性を伸ばすことも怠りませんでした。海外ブランドをとり扱う店に足繁く通い、パリコレクションやミラノコレクションの資料を読み漁り、ノートに特徴をまとめ、ブランドの歴史を調べ頭に叩きこみ……もともと私は海外ブランドが好きだったからこそ苦労なく続けることができ、個性に基づいて働くことで他の人よりも努力することができました。

では具体的に個性はどのように探していけばいいのでしょうか。好きなことを仕事にすればいいとは言いますが、「好きなことはなんですか？」と問われて5秒以内に何個あげることができますか？　私は幾多のセミナーやワークショップに参加し、自分でも教鞭を執ることもありますが、ほとんどの人は答えに窮します。

しかし断言しますが、答えに困った方は嘘つきです。本当は好きなことが山ほどあるくせに、自覚のないままに嘘をついているのです。

では聞きかたを変えますが、好きな食べ物はありますか？

……ほら、あるでしょ？

その食べる時間は好きではないのでしょうか。私は、ゆかりご飯が信じられないほど好きなのですが、好きなことはなんですかと問われたら6、7番目くらいに「ゆかりご飯を食べること」をあげると思います。無論それ以外にも寝ることが好き、セックスすることが好き、音楽を聴くことが好きと無限にあげることができます。

このように好きなことは誰しも無限にあるはずなのに、どうして悩んでまで答えに窮するのか。それは「好きなことは何か？」という問いを、勝手に「(仕事になりそうなことで)好きなことは何か？」に置き換えてしまっているからです。私は今、個性を知ろうとしています。仕事になりそうで好きなことは聞いていません。好きなことを知ることから個性を把握して、そこから仕事につなげるように思考を展開していけばいいのであって、前提条件をつける必要はありません。

肝心なのは思考の順番です。例えば「寝ることが好き」と答えた場合、「(仕事になりそうなことで)好きなことは何か？」と考えると「寝ること」は出てきません。しかし、仕事云々関係なく、なんでもいいから好きなことをあげてくださいと投げ掛ければ「寝ることが好き」も出てくるでしょう。

そうしたらそれを仕事に結びつける方法を考えればいい。睡眠不足で悩んでいる人は無限にいます。寝具、アプリ、姿勢矯正、アロマなど睡眠改善方法を片っ端から試してそれをコンテンツにすることができます。寝具のアフィリエイトだってできるでしょう？

複雑な思考を一気にしようとするから思いつかないのです。そして「思いつかない＝存在しない」と思いこむ。大事なのは一つひとつ丁寧に進めていくことです。まずは自分の個性を考えるために何も考えずに「好きなこと」をあげる。そこから仕事につなげそうかどうかを考えていくことが大事です。

例えば「好き」も物質的なことでなく、動詞をあげるのもいいでしょう。人に教えるのが好きとか、人と話すことが好きでも構いません。また、カフェで仕事をするのが好き、同じ作業を繰り返すほうが好きなど環境や行動をあげるのもいいでしょう。

そして自分の個性を深掘りして己を知っていくことが大事です。

今の仕事を疑いもせず皆と同じように進めても、個性に紐づいていない場合は、たいした成果は残せません。努力を続けようとしてもモチベーションには限界があります。自分の基礎ステータスを把握せずに仕事を続けていると、成果につながらず、辟易として飽きてしまう。しかし、好きなことに紐づいた仕事であれば継続がアドバンテージとして活きてきます。

仮に個性を見つけたとして、現在の仕事で活かせるかは別の壁が存在します。部署異動や上司を説得することが生じるケースです。例えば私もサラリーマン時代に本来自分は人見知りであり、オフラインよりオンラインの仕事のほうが活躍できると自分の個性に気がついた瞬間がありました。当然それを上司に伝えてもわがままは許してもらえません。では、そんなときはどうするか？　これは第3章「サラリーマンこそ交渉しよう」の項で解説するのでしばしお待ちください。

いずれにしてもまず個性を見つけることです。自分は何が好きなのか。そこから自分の気質を加味して、得意なものを考える。こうした自己分析は常に怠らないようにしましょう。

「生存領域②」ブルーオーシャンを探せ

続いて「生存領域」で戦っていくために必要なブルーオーシャンについてです。ここでいうブルーオーシャンとは、一般的にビジネス用語として定義される戦略、つまり新しい手つかずの領域を探して事業を展開するといった意味合いとは少し異なります。ニュアンスとしては、奴隷たる我々が立つべき戦場を自ら探すといったところでしょうか。具体的に見ていきましょう。

私はサラリーマンのときに、ゼロから一人で年間３億円を稼ぐオンライン通販を立ち上げたことがあります。世の偉大なビジネスマンからすれば些細な売り上げではありますが、地元の新潟で奴隷として働いていた私には歴史的な快挙でした。

当時、勤めていた会社は洋服店を数十店舗経営する中小企業でした。まだ服を通販で売るというビジネスが一般的でなく、ようやくＺＯＺＯＴＯＷＮが認知されはじめた時代です。社内でも通販の将来性に言及する者は一人たりともおらず、社内ベンチャーとして取り組みたいと私が手をあげるまでは、その兆しすらありませんでした。

店舗に行けば服がゴロゴロ転がっていて、売るものはたくさんあります。これがもし通販市場で売れるなら大鉱脈です。しかし、一人ぼっちで仕事をはじめた奴隷たる私ですが、思いつきのような発想でノウハウは一切ありませんでした。暗中模索のなか、まず通販である程度成功している他店の動向を調べ始めました。

自費で遠方まで行き、どうやって売っているのか。どんな技術を使っているのかなどを聞いて回りました。そのなかで多くの競合他社が意識していたのは、ＡｍａｚｏｎやＺＯＺＯの仕組みでした。

皆、成功している企業の真似をしていたのです。ＺＯＺＯと同じような商品レイアウトで同じような着用画像を掲載して同じような商品説明を書き、同じような決済手段ですべてＺＯＺＯに追従していたのです。

成功しているトップランナーの真似をするというのは、オンライン通販だけでなく一般的なことであり、どの業種でも見られることです。しかし、私にはどうにもこれが奇妙に感じられました。「だったらＺＯＺＯで買ったほうがいいのでは？」と。

何度考えても同じ結論でした。ＺＯＺＯと同じ構造でセールスをしても意味がありません。なぜならＺＯＺＯは当時から圧倒的な商品点数を誇り、実際に私の会社で扱う商品の半分はすでにＺＯＺＯでも取り扱っていました。商品も同じ、構成も同じ、説明も写真も同じ。であれば、ＺＯＺＯで買ったほうがいい。すでにＺＯＺＯは服好きのなかでは認知され、大手通販サイトとしての認識もあった。お客様からするとＺＯＺＯのアカウントはすでにあるので安心して信頼できるうえに、大資本の力で揃えた多くの商品から比較検討もできます。しかも、サーバーは堅牢でスピードが速く安定している。

よくわからない新潟の地方店から買う理由が一つもないのです。

つまり大資本やトッププランナーの真似ごとをしていても、おこぼれをもらう程度の売り上げしかつくれないだろうと思ったわけです。

ＺＯＺＯの真似をしている事例はいまだに散見されます。地方のファッション通販サイトはもちろん、ファッション以外の業種でも同じ現象を見かけます。サイトレイアウトだけでなく、ひどいときには商品写真までブランド公式のものを流用して、商品説明もＺＯＺＯのコピペなんてものまであります。これでどうやって売り上げをつくる気なのか……。

買う理由があるからこそ、お客様はお金を払ってくれます。同じ商品で同じセールスの仕方をしているなら、大手で買います。わざわざ大手以外で買う理由がなければお客様はお金を落としてくれない。大手が参入していない領域やセールスをしないと、つまりは差別化しないと、ブルーオーシャンを見つけることはできません。

ＺＯＺＯを王様とすると、当時の私は奴隷です。奴隷が王様と同じ戦場で戦ったとしても、そもそも人員や武器の数が違うので、鎧袖一触されて終わりです。王様たるＺＯＺＯに立ち向かうには、予想もつかない戦いかたや、物理的に不可能な戦いかたをする必要があります。たとえその戦場に王様が君臨していたとしても、奴隷の戦いかたで勝つ方法を見いだすことができれば……それが本書で言うブルーオーシャンです。

では当時、私はＺＯＺＯとどう差別化したのか。

ブログと動画を使ってブルーオーシャンに漕ぎだしました。ＺＯＺＯはＩＴ企業ですから、「人」を打ちだすことができません。信じられないほどのアクセスを自動化して効率よく捌いていくのが王様たるＺＯＺＯのシステムです。であれば、販売員やスタッフなど「人」によって付け入る隙があるのではないかと考えたのです。

洋服は昔から「人」で売るものです。店頭ではお客様と仲よくなったスタッフが商品を提案する姿をよく見かけます。スタッフの人となりがわかり、友達関係のように感じられるからこそ購買につながることがよくあります。冒頭伝えたインスタのDMマーケティングと同じ仕組みです。人柄が伝わると親近感が生まれて信頼につながりセールスが通りやすくなるのです。

だから私はブログで販売員としての日常を面白おかしく書き連ね、見ているユーザーとの距離を縮める努力をしました。同時にブランドのファンに向けて専門的な情報をプロならではの視点で伝えます。当時はブログの面白さに命をかけていたこともあり、PVはみるみる上がっていきました。

また、他社の通販サイトが動画を取り入れてない時代に、地方店ながらいち早く動画マーケティングを採用しました。スタッフが楽しそうに会話しながら画面の向こうにいるお客様に語りかけ、ときにはPVのように見栄えのいい動画をつくって商品に付加価値をつけていったのです。

すると購買時の備考欄に「〇〇〇〇さん大好きです！」「〇△さんいつも見ています！」とスタッフに対してコメントがつくようになりました。そういった購入者には手書きでお礼メッセージを書いて商品に添えて発送することにしました。こうした努力のかいあってか、新潟のような地方の遠隔地で、実際には会ったこともないスタッフ個人にファンがつくようになったのです。

これはＺＯＺＯにはできないセールスだと思います。ＺＯＺＯがスタッフ個人を打ち出すことはできません。属人的になればなるほど、そのスタッフが辞めたらどうするのかという問題にぶちあたるからです。大手は売り上げを個人に委ねることができません。しかも、システム化された物流のなかでわざわざ個人がお礼の手紙を入れるなど非効率でナンセンスです。

王様にとってお客様は数万人いるなかの一人ですが、奴隷にとっては一人ひとりが大事なパートナーです。時間の使いかたを王様より多くとることで信頼を獲得し、長くお付き合いしてくれる関係を構築することができます。そうしてはじめて顧客のＬＴＶ（ライフタイムバリュー。生涯にわたってその顧客が貢献してくれる価値のこと、リピート率などに関わる）に貢献できるわけです。一人あたりの重みが違うからこそできた奴隷の戦いかたです。

成功している大手や大資本を真似たくなる気持ちはわかりますが、王様と同じ戦いをしても勝てません。マンガの主人公が強大な敵に立ち向かうときは、意表を突き、予想を超えた戦いかたをするものです。奴隷には奴隷の戦いかたがある、王様が見えてないブルーオーシャンを探すことが大事なのです。そのためには王様の戦いかたを調べて、王様には絶対にできない手を打つといいでしょう。

【奴隷の論理②】ロードマップを描け

続いて、本書の核心でもあるロードマップについて説明します。「奴隷の論理」は①生存領域を見つける、②ロードマップを描く、③具体化して習慣にする、の３つの戦略から成ると述べました。

生存領域とはつまり、自分が優位に立てる戦場を探すことです。自分の個性を理解して、また大手や大資本が狙ってないビジネスのブルーオーシャンを探して戦場と定めます。

しかし生存領域の項で述べたとおり、わかっていても進めないこともあるはずです。例えば自身の個性を見つけたときに、部署異動をしないと活躍できないとわかっても、上司がそれを納得してくれるとは限りません。自分はセールスではなく企画が得意なので部署を異動してほしいと言っても「はいそうですか」とすぐに動いてくれる上司は少ないでしょう。大概は、「さっさと仕事しろ」で終わりです。

これは向上心のあるほとんどの人がぶつかる壁だと思います。「このままじゃいけない！」「人生を変えたい！」と思って行動した結果、いいアイディアを思いついた。しかし、いくら優れたビジネスモデルを思いついたとしてもお金がない、知名度がない、影響力がないと最初の壁で挫折してしまいます。まさに奴隷です。

王様がアイディアを思いつけば、簡単に実行に移せます。しかし、奴隷にとってアイディアは絵に描いた餅で終わります。

以前、動画で共演した堀江貴文さんから「太ったおじさん向けのゴルフウェアをつくってほしい」と相談されたことがありました。ゴルフメーカーやアパレルブランドがゴルフウェアを展開する際、デザインを重視するあまりスタイリッシュになりすぎるきらいがあります。しかし、実際のゴルフの主な顧客はお腹が出たおじさんです。お腹が出ていても格好よく見えるゴルフウェアがあれば売れるのに、ブランドイメージを重視するメーカーは一社たりともつくっていない。お金持ちが多く、客単価も高く、リピート性も望めるのにもったいないからつくってほしいと依頼されたのです。たしかにそうだなと思い、ゴルフウェアをつくって納品し、現在販売中です。それなりに売れてうまくいっているのでホリエモンもニンマリだと思います。

このビジネスはホリエモン独自の鋭いアイディアによって成功したわけではなく、誰でも思いつくものです。実際にホリエモンチャンネルの配信を見て、俺もそう思っていたのにと地団駄を踏んで悔しがった人も多いでしょう。

まさにホリエモンこそ王様の典型です。ホリエモンは資産もあれば人脈もあります。思いつけばすぐに行動に移すことができます。当時もアパレルでは実績のある私に連絡してプロジェクトとして一気に進めました。しかし奴隷たる持たざる者は、同じ発想が出てきたとしても、資金も人脈も能力もないので、前に進めることができません。指を加えて諦めるしかないのが奴隷の宿命なのです。

しかしご安心ください。そのために「ロードマップ」を描きましょう。そもそも初手からすべての手駒が揃っていることなどありません。俺はついてないな、お金があればな、ホリエモンが羨ましいと思うかもしれませんが、当然のことながらホリエモンも最初は奴隷でした。王様も最初は鎖につながれた名もなき奴隷だったのです。

今活躍する人のすべてとは言いませんが、少なからず多くの人は、奴隷を乗り越えて王様になっていったのです。そこには必ずロードマップがあり、理想を叶えるための努力の道をひた走ってきたからこそ成功があるのです。

逆に言えば、持たざる者がいつまでも奴隷のまま不当な立場にいるのは、ロードマップがないからです。

マラソンを想像してみてください。42．195㎞という距離があり、ゴールが決まっています。そのゴールに向かって日々鍛錬を重ね、当日はルートに従って走っていきます。どんなにキツくとも「もう少し」「あと３㎞」と先が見えるからこそ頑張ることができます。しかし､ゴールがないマラソンがあったとしたら､それは競技として成立するでしょうか？

ゴールは決まっていません。１００ｍ先か10㎞先か、方角もとくに決まっていません。では、ヨーイドン。と言われても、空を見上げるしかありません。どれだけ頑張り屋でも、闇雲に走り続けていれば体力がなくなって終わりです。

しかし、自分の優位性を知り、挑むべき戦場である「生存領域」が決まっていれば、ゴールを設定して戦っていくだけです。ゴールをまず設定し、それに必要なフローを割り出してロードマップをつくる。いわゆる逆算思考、未来思考です。

なぜか多くの人に決定的に欠けている作業でもあります。

多くの人は現在志向で成功できると勘違いしています。目の前にあるタスクをひたすらこなしていれば着実に成長してステップアップできる。しかし、人生をマラソンに例えたように、ゴールがないまま走り続けていて完走できるのでしょうか。脚力はつくかもしれませんが、膨大な時間を費やした結果、ゴールとは逆の方向にたどり着くこともありえます。

あなたが今いる現在は、理想の未来を想定して決断を繰り返した結果でしょうか？　そうでないなら、現在の延長線上にあなたの幸せはあると思いますか？

あなたの理想はなんでしょうか？

喋ることが好きなので営業部で成績は常に上位でいたい。
十分な教育と文化的な生活を望みたいから年収は１０００万円ほしい。
家族と一軒家に住みたい。
愛する家族との時間を大切にしたいから土日は休みにしたい。
贅沢ではないけれど、家族と年に一回は旅行をして幸せを感じたい。

そんなふうに理想がちゃんとあって現在の働きかたや暮らしをしているわけではないでしょう。なんとなく皆と同じように就職活動をして、やりたいことではない仕事をして、先輩に言われたとおりに努力を続けて、今までやってきたわけでしょう？

しかし、考えてみてほしいのです。自分だけの幸せの形は必ずあります。先輩とあなたの幸せの形は異なるはずです。他人とゴールが違うにもかかわらず、どうして周りと同じ行動をしているのでしょうか。

現在をいくら積み重ねても理想にたどり着く可能性はゼロです。なぜならそれはゴールを決めずに闇雲に走っているにすぎないからです。理想の暮らしかたを実現するために、年収１０００万円が必要で、正しくロードマップを描いて努力の道を走っていけば、誰でも年収は１０００万円になります。しかし、何も考えず、今を頑張れば成長できると思っている人は、ゴールのないマラソンを走っているようなものです。どこにたどり着くのかわかりません。さらに言えば、現在の延長線上たる未来は、もしかしたら会社の上司が決めているだけかもしれません。むしろ、その可能性のほうが高いでしょう。

あなたにはあなたの生存領域があり、理想があるはずです。

そこに向かってロードマップをつくって努力のベクトルを正しく出力していかないと、他人に都合のいいように人生を左右されてしまうのです。

「ロードマップ①」ゴールと時間を決めよ

時間管理のマトリクスはご存じでしょうか。

A　緊急かつ重要なタスク
B　緊急ではないが重要なタスク
C　緊急だが重要ではないタスク
D　緊急でも重要でもないタスク

主に我々は日々AかCに囚われています。

それは、顧客からのクレーム対応や、上司からの呼び出し、公共料金の振り込みといったものです。緊急性は高いものの、よく考えるとどれも重要度はさほど高くありません。

図 01　時間管理のマトリクス

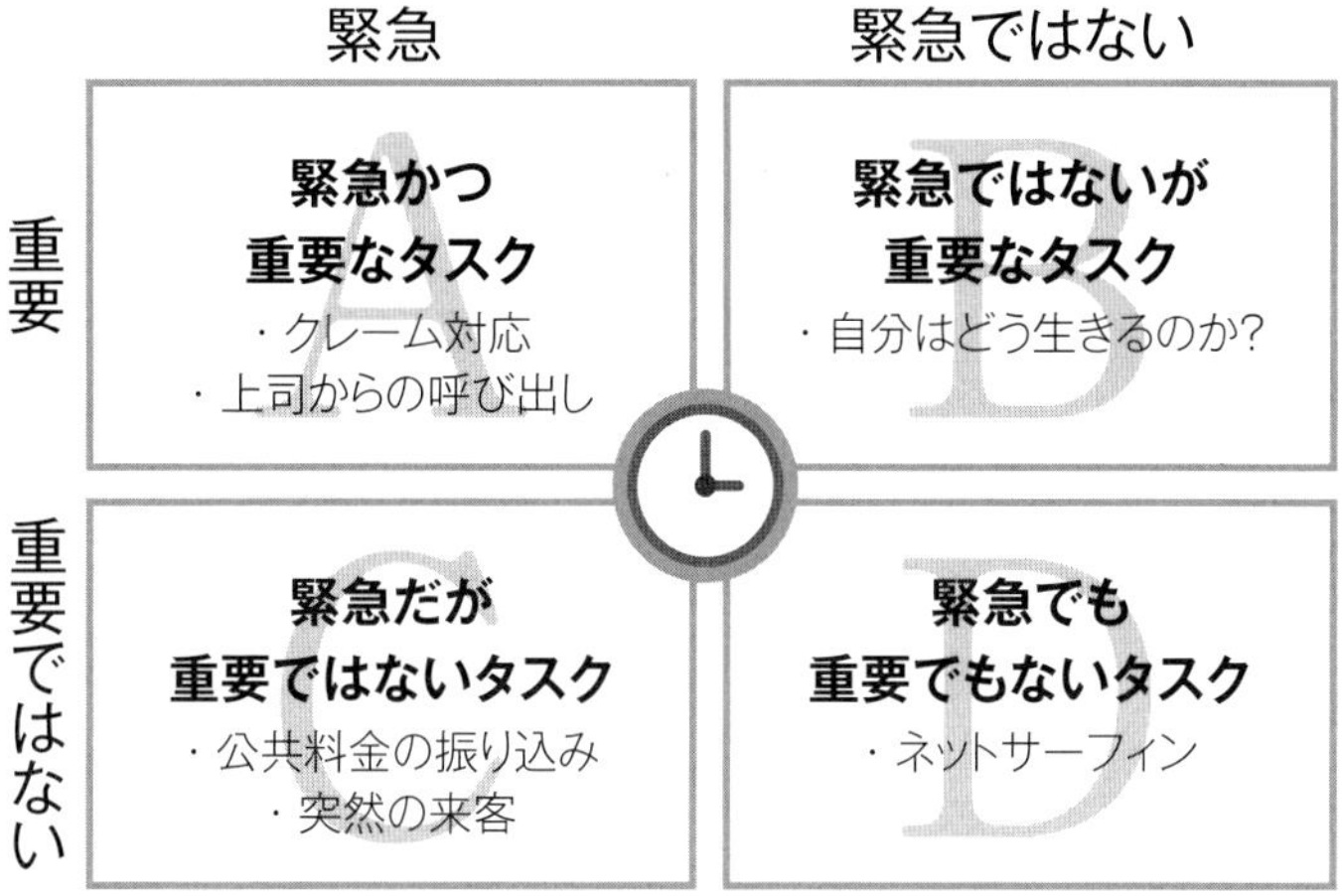

	緊急	緊急ではない
重要	**緊急かつ重要なタスク** ・クレーム対応 ・上司からの呼び出し	**緊急ではないが重要なタスク** ・自分はどう生きるのか？
重要ではない	**緊急だが重要ではないタスク** ・公共料金の振り込み ・突然の来客	**緊急でも重要でもないタスク** ・ネットサーフィン

いや正しくいうと短期的には重要度は高いのですが、人生という観点からすると極めて低いものです。

働きかたはどうしたいのか。
家族構成は何が理想なのか。
自分はどう生きるのか。
5年後、10年後に笑顔でいられるためにはどうすべきなのか。

これらは、人生で考えると非常に重要なことです。しかし緊急性は低く、Bに属するものとして優先順位は後回しになってしまいます。

つまり我々は日々のタスクがあふれんばか

りにあるために、ゴールを定めることなく蔑ろにしているのです。

先ほどから述べているとおり、マラソンを闇雲に走っています。あなたが幸せに生きるためには、活力にあふれ満足して働くためには、理想を定め、生存領域を見つけ、そこに至るまでのロードマップを描くことが何より求められているのです。

このロードマップはＲＰＧだと思ってください。主人公はラスボスを倒すために仲間を集めて武器を手に入れ、魔法を会得してレベルを上げて挑みます。あれと同じです。

生存領域を見つけたら、そこに進むために必要な要素を列挙するのです。

理想に進むために必要な武器は？　魔法は？　仲間は？　これをどうやって獲得していくつもりなのか決めてください。

例えば部署異動を望むなら、会社内で発言権を得る必要があります。上司に対して希望を出せるように、一年をかけて実績を積みます。独立に際してスキルが必要なら、どういったスキルが必要か具体的に洗い出して、それを獲得するための一年間の行動計画を立てるのです。

私は前述したとおり社内ベンチャーとしてオンライン販売の事業部を立ち上げました。オンライン販売の先見性と見通しを企画書にまとめ、上司に提案したのですが、当初はダメの一点張りでした。

事業化に向けて会社と交渉した際に、店舗で働きながら、それとは別にオンラインで年間3000万円売り上げるという販売目標が出てきました。今考えたらなんというブラックな環境でしょう。販売員として11時から20時まで働いて、時間外や手が空いた隙に一人でオンラインサイトを運営管理して、なおかつ3000万円を売り上げねばなりません。

当時、会社の販売員の年間売上高は3000万円を超えると一流とされていました。そこからオンラインでも3000万円という根拠が算出されたのですが、私には明確なゴールが生まれた瞬間でした。一年かけて3000万円を売る。それができなかったらすっぱり諦める。

「ゴール」と「時間制限」が決まれば、この2つがロードマップの柱となります。ロードマップを決める際は明確なゴールと明確な時間制限が必要です。

ゴールは数字を伴うことではじめて明確になります。ゴールしたかどうかわからない曖昧な設定だと、途中でフィニッシュラインを変更することができます。孟子曰く「水の低きに就くが如し」です。水は低きに流れ人は易きに流れるという意味ですが、人は簡単なほうへ楽なほうへと無意識に流されてしまうものです。それを止めるのが意識です。無意識では我々はサボってしまうのだから、サボれないように明確に、具体化して意識を保つことが大事なのです。ゴールはそのために設定します。

また時間制限も設けねばなりません。人は無制限に頑張れるほど強くありません。一年なり時間を区切るからこそ頑張れるのです。マラソンでもゴールが遠く、蜃気楼がかかるようなところにあれば諦めてしまうでしょう。しかし見えるところにテープが引っ張ってあれば頑張ろうと自らを奮い立たせることができます。10年かけて頑張ろうは、しょせん無理なのです。一年という短期目標で区切り、理想に届くようにロードマップを描くといいでしょう。

当時の私にはオンライン販売に関する知識は何一つありませんでした。ただ自分の個性を深掘りした際に、人見知りなので対面販売よりオンラインのほうが向いているだろうと思い、また座ってじっくり戦略を練って戦うほうが得意だと考えました。

　幸いＺＯＺＯ以外のほとんどの店でオンライン化は進んでいません。社内でも取り組む人がいないので成功したら地位を確立できるだろうと睨み、オンライン販売をブルーオーシャンだと見定めました。

　さまざまな思惑から自らの生存領域としてオンライン販売事業に飛び込んだのです。


　しかしそれには必要なスキルがまったく足りません。そこで３か月で必要なスキルを揃えるためのロードマップをつくりました。ＩＴスキル、ＷＥＢマーケティングやＷＥＢでのセールススキル、商品を撮るための撮影技術などです。それらに詳しい専門家を洗い出し、人脈をたどり、ときにはカメラ屋に「使いかたを教えてください。時給を払いますので！」と突撃して怪訝な顔をされたこともありました。休日はすべて勉強に充てました。生涯にわたって休日に働くことはできませんが、３か月の我慢だと思えば乗り越えられます。時間制限の力で自分を納得させます。

また時間を犠牲にすることは、奴隷ならではの戦いかたです。王様やホリエモンは、休日をつぶしてまで勉強はしないでしょう。しかし我々奴隷には時間を犠牲にすることができます。奴隷の論理では王様ができないことをするのが基本なのです。

そうして私はＷＥＢサイトをつくるコーディングの基礎や、フォトショップとイラストレーターの基本、カメラやストロボの使いかたを学び、ＷＥＢの集客方法や仕組みを知ることで、武器を手に入れました。そのうえで前述の大資本にはできない戦いかたであるブログや動画を活用する方法を思いついていったのです。

初年度に年間３０００万円を達成し、上司に「どうだ！」と見せに行ったことを昨日のように覚えています。しかし上司は私をさらに上回る人物で「目標は年間５０００万円だ」と、とぼけたのです。負けず嫌いに火がついた私は翌年には５０００万円を達成し、晴れて事業部として社内ベンチャーを立ち上げることに成功しました。ここでの戦いは今の私にとって、とても大きな経験です。当時は腹が立って仕方ありませんでしたが、今となってみれば上司には感謝しかありません……（笑）。

【ロードマップ②】一日一時間戦略を使え

さて、ロードマップの項を読み、皆さんは疑問に思ったのではないでしょうか。それは、そもそも必要なスキルが思いつかない、計画表を立てても実行できない、努力すると言ってもそんな根性があればすでに成功していると。こういった疑問や諦めに対して有効なのが、時間の使いかたを見直すことです。

そもそも努力が続かず、アイディアが思いつかなくとも、時間を積み重ねることはできます。抑圧という名の牢獄に入れられた奴隷には檻を破る力もなく、看守を騙すアイディアもありません。しかし、隠し持ったスプーンで毎日穴を掘って脱走するルートをつくることができるかもしれません。時間の積み重ねとは、ちょっとした努力を正しい方向で継続的に続けることで、すべて打開する力となりえるのです。

また、勘違いを正しておきたいのですが、99％の人に努力をする才能も優れた発想力もありません。ホリエモンくらいになれば1％のレアな人種かもしれませんが、私くらいなら皆さんと同じ。そもそも同じような環境で同じような教育を受けてきた我々日本人の基礎ステータス値にそれほど差はありません。皆、才能もセンスもないのでご安心ください。

　私が提唱している時間の積み重ねとは、「一日一時間戦略」です。一日たった一時間を有効に使います。仕事から帰ってきて、見たくもないテレビをつけるのはやめましょう。だらだらスマホを見るのもいけません。代わりにその一時間を確保してください。

　すると年間で３００時間になります。仮にその一時間を勉強に充てれば、宅地建物取引士の資格を取ることができます。宅建は不動産業界では有益な資格で事業所ごとに従事者５人に一人は必ず有資格者を常駐させなければならないので当然就職にも有利に働きます。宅建は、個人学習でおよそ３００時間あれば合格ラインに到達できるといわれていま す。つまり一日たった一時間を一年間継続すれば、年末年始や体調不良などを考慮しても３００時間は十分に確保できるはずです。大袈裟なことを言えば、人生を変えるには一日わずか一時間の勉強で達成できるのです。

　たった一時間。このように時間を短く区切ることで、一時間なら頑張るかと自らを奮い立たせる意識を持つことができます。牢に入れられた奴隷が脱獄のための穴をコツコツ掘るようなものです。

そして、好きなことや得意なことも思いつかない、そもそも理想がわからない、獲得すべき必要なスキルやロードマップが思いつかないという人もこの「一日一時間」をまずは試してみてください。

そもそもなぜこれらの重要なことを思いつかないのか考えたことはありますか。それは考えていないからです。何をバカなと思うかもしれませんが、本当です。皆さん考えていると言いながら実はまったく考えていない。いや正しく言えば「ながら」で考えているにすぎないのです。

私が主催するセミナーやイベントでは、好きなことが思いつかないという人に必ずこう言います。「考えるためだけに時間を使っていますか？　寝ながらとかお風呂に入りながら、食べながら、移動しながらではなく、机に向かって集中して考える時間を一日一時間でも確保していますか？」と。こう伝えると必ず１００％の人が「していません」と答えます。

そう、皆さんなぜか考えるためだけの時間をつくっていないのです。将来の大事なことを考えるのに、「ながら」ですませている。机の前にPCを置いて、必要であれば調べ物をしながら、自分の理想の働きかたはなんだろうと一時間考えることをしていない。重要度が極めて高いことなのに、なぜかこの集中思考を行っていないのです。それでは思いつくわけがない。

そしてもう一つ必ず言っていることがあります。「この集中思考を一日一時間、1か月継続してみてください。つまり30時間なので丸一日以上あります。丸一日考えて何一つアイディアが出てこないという人にこれまで会ったことがありません。もしそれでも何も浮かばないというなら、一度私に連絡してください。どんな方法でも結構です。必ずあなたのコンサルタントになって代わりに考えてあげます」と。

おそらくオンラインでもオフラインでも数百人には言っていると思いますが、これで思いつかなかった人は一人もいませんでした。丸一日ぶん真剣に考えて一つもアイディアが出てこない人なんてそもそもいません。我々は思いつかないいんじゃない。真剣に考えていないだけなのです。

【奴隷の論理③】具体化して習慣とせよ

さて、理想の働きかたや自分のやりたいことなど生存領域が「一日一時間戦略」でアウトプットできました。次に、生存領域で戦っていくためのロードマップを具体的に描いていきます。しかし、夏休みの宿題のごとく、計画表を立てても実行できないと心配になる方もいるでしょう。

そもそもなぜ計画を立てても三日坊主で終わってしまうのでしょうか？　それは先述したとおり、孟子曰く「水の低きに就くが如し」です。人は楽なほうへと無意識に流されてしまいます。「頑張ろう！　オー！」で自分を戒めることなどできません。毎日一時間頑張るという目標もおそらく数日で挫折するでしょう。たった一時間頑張ることですら、残念ながらほとんどの人はできないのです。そして最終的には継続するのも才能だなどと言い訳をして自分を慰めています。なんだ、話が違うじゃないかと思った方はご安心ください。「具体化」の力を借りる方法を紹介します。

私は常々疑問に思っていることがあります。今の私にはできないけれど、皆さんには粘り強く継続していることがあるからです。私からすると驚天動地でそれこそ天賦の才ではないかと思っているくらいです。

それは、毎日会社や学校に行くことです。決まった時間に、あの大混雑の電車に乗るという艱難辛苦を乗り越えて必ず出社している。雨の日も嵐の日も雪の日も、電車が止まろうと多少の風邪を引こうとも、必ず会社にたどり着いている。皮肉でもなんでもなく、一日一時間机に向かって考えることよりもはるかに難易度が高い行動です。少なくとも私にはできていません。

ではなぜ、もっと寝ていたいのに毎日必ず起きて、乗りたくない電車に乗って決まった時間に出社するといった苦行を続けることができるのでしょうか。

それは行動が具体化されているからです。

誰が何時までにどこで何をするのか。どんなふうにどのように……こうした行動が明確に具体的になっているので、逃げ場がありません。

そもそも人がサボるのは、サボる隙があるからです。例えば、明日勉強しようと考えても明日のいつ、どこで、どのようにとまでは決めていません。すると昼になって、夜でいいかと思い、夜になれば、寝るまでにやろうと考え、布団に潜るころには明日でいいと諦める。これはタスクが具体化されていないためにサボる理由が生まれやすくなっています。

いつやるか決めなければ、いつまでもやらないのが人間の性です。「水の低きに就くが如し」です。具体的にこれを何時にどこでどのようにする、と決めておけば逃げ場がなくなり、やらざるをえません。朝何時にどんな交通手段でどこに出社するのか決まっているからできる。だから習慣化が可能なのです。習慣化するには具体性が必須なのです。

なので「一日一時間やるぞ！　オー！」ではなく、いつの一時間なのか、どこでするのか、何をするのかと具体化していくことが大事です。例えば毎週日曜の夜に30分かけてスケジューリングしていく。手帳でもスケジュール管理アプリでもいいので、「いつ」「どこで」「何を」を具体的に書きこんでください。こうしてタスクを具体化していくと逃げ場がなくなるので実行確率が飛躍的に上がります。

「具体化①」役割を担え

またもう一つ皆さんが毎朝出社という至難の業をこなせる理由は、皆がそうしているからです。

人は集団で行動する本能がある社会的生物です。ミツバチと同じです。生物には自分の生存を最優先に考える利己的本能があるはずですが、ミツバチは集めた餌を自分で食べずにコロニーの存続と繁栄のために持ち帰ります。集めた餌をもし食べてしまったらコロニーが弱体化してしまうかもしれない、ミツバチも社会的生物として集団のために生きることで自己の生存を許されているのです。人間も同じです。

人間も一人では生きられません。支え合って生きています。だからこそ役割を担って集団に貢献したいという本能が働きます。自分が遅れると皆に迷惑がかかる、自分がサボると連帯責任で同僚に累が及ぶので他人のために出社するわけです。誤解を恐れずにいうなら、皆がそうしているから自分もそうしなければならないといってもいいでしょう。少なくとも自分のためではなく、他人のために、自分の役割を果たすために頑張っているのです。これぞ社会的生物の本能だと思います。だからこそ毎朝出社を何十年も続けているのです。

一日一時間などの努力を習慣化したい場合、何か役割を担うといいでしょう。志を共にする仲間を見つけて報告しあう、パートナーに関与してもらう、少し効果は限定的ですがＳＮＳで毎日投稿する。自分には役割があり、見られているという意識があると途端にサボりにくくなります。

私はこの点、常に公言しているのでセミナーの参加者は、隣に座った人とＬＩＮＥを交換して帰る方もいらっしゃいます。理屈を知っているのでお互いに役割を担ってチェックしあうと、一気に達成確率が上がるからです。

「具体化②」ロードマップを細分化せよ

「奴隷の論理②」で話したロードマップを描く際にも具体化を意識しましょう。「目標を立てた！　オー！」ではなく、目標に対してどのような実行項目をつくるかが肝となります。これは正しく言うと3分割できます。

目的は理想を伴うものにしてください。

理想を伴わない目的とは例えば、根拠ゼロでなんとなく年収1000万円になりたいというものです。これはダメです。幸せの形は人それぞれ違います。お金さえあれば幸せなわけでも、1000万円で満足するかもわかりません。必ず自分の10年後20年後の姿をイメージして、どんな暮らしでどんな仕事をしていたいか想像してください。

美食がしたいといってもキャビアを毎日食べたいわけではありません。いい車に乗りたいといってもそれが本当の願望でなければフェラーリに一回乗れば十分でしょう。

そもそも年収1000万円といっても、お金は使う理由があるから必要になります。使う理由がないお金は稼げません。そもそも稼ぐ理由がないからです。

理由のないものに頑張れるほど人は強くありません。頑張る必要があるから頑張れるのであって、まず自分の理想はなんなのか、どう暮らしていきたいのか、どう働きたいのか、そのために必要な収入はいくらなのかと順を追って考えてください。一足飛びに理想は描けません。自分の人生の大切なことは時間を使ってきちんと真剣に考えましょう。年収1000万円あれば満足なのは、あなたの本当の願望ではないし、あなたの願望でなければ叶わないのです。

達成目標とは目的の下位概念です。

目的を伴った中期目標だと思ってください。つまりこの達成目標をクリアすれば目的が概ね達成できるというものです。達成目標は複数ある場合も、段階的にある場合もあります。例えばこの半年の達成目標があり、それをクリアしたら次の半年の達成目標がある、なんてこともあるでしょう。ただし目的にしっかり紐づくようにしてください。達成目標がクリアできたら目的に近づく、といった設定が必要です。

また達成目標には必ず数字を入れてください。具体的にどこがゴールなのか、いつまでにゴールするのか。これがないと達成したかどうか曖昧になるので途中でやめてしまう可能性が出てしまいます。前述のとおりですが注意しましょう。

そして実行項目とは達成目標の下位概念です。

図02　ロードマップを細分化する

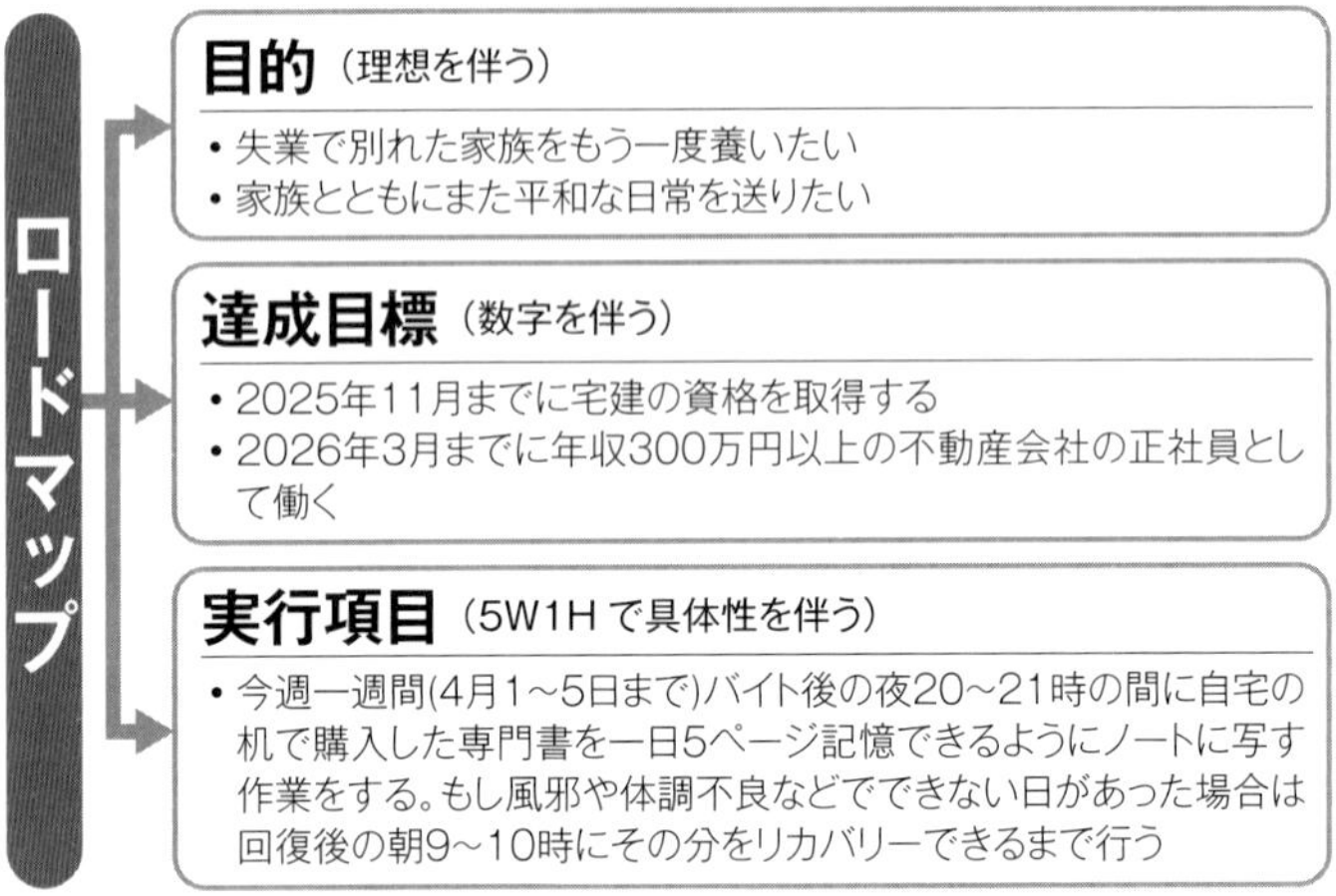
ロードマップ
目的（理想を伴う）
・失業で別れた家族をもう一度養いたい
・家族とともにまた平和な日常を送りたい
達成目標（数字を伴う）
・2025年11月までに宅建の資格を取得する
・2026年3月までに年収300万円以上の不動産会社の正社員として働く
実行項目（5W1Hで具体性を伴う）
・今週一週間(4月1〜5日まで)バイト後の夜20〜21時の間に自宅の机で購入した専門書を一日5ページ記憶できるようにノートに写す作業をする。もし風邪や体調不良などでできない日があった場合は回復後の朝9〜10時にその分をリカバリーできるまで行う

実行項目を達成し続けていくと達成目標がクリアされるものでなくてはいけません。そして実行項目は日々のことをより具体的に設定します。５Ｗ１Ｈを伴い、いつどこで誰がどのように、と逃げ場のないように設計してください。これを毎週終わったらチェックし次週の実行項目を修正して立てていくという作業を進めます。

これを一年間かけてやってみる。するとベクトルがゴールに向いているので今までの努力とはまるで質が違うものになります。今までの努力は、毎日のタスクに追われ、成長しているのか進んでいるのかわからない状態でした。しかしロードマップを正しくつくっていれば、自分の理想の人生に向かって着実に進めるようになります。また、サボらないように具体化を徹底すること。そしてできれば誰かと共有して進捗を報告しあえると達成率は向上します。

具体例を一つあげておきましょう。

・目的（理想を伴う）

失業で別れた家族をもう一度養いたい。

家族とともにまた平和な日常を送りたい。

・達成目標（数字を伴う）

２０２５年11月までに宅建の資格を取得する。

２０２６年３月までに年収３００万円以上の不動産会社の正社員として働く。

・実行項目（具体性を伴う）

今週一週間（４月１日～５日まで）バイト後の夜20～21時の間に自宅の机で購入した専

門書を一日5ページ記憶できるようにノートに写す作業をする。もし風邪や体調不良などでできない日があった場合は回復後の朝9〜10時にその分をリカバリーできるまで行う。

こんなイメージですが、一週間が終わり次第振り返り作業をしましょう。このままのペースでは間に合わないとか、達成できなかったなど具体的な問題点を書きだし、それを翌週の実行項目に反映することを続けます。

こうして必要スキルなどを獲得するロードマップをつくり、日々を整えていきます。最初は大変ですが、習慣化してしまえばスケジュールを立てずとも通勤のように無意識に継続できるようになります。辛いことは長く続きません。一年間だけ歯を食いしばって頑張ればその先に未来があると信じましょう。

自己啓発書には、好きなことを仕事にしようと書いてありますが、好きなことが仕事にならないから多くの人は困っています。好きなことをするためには、嫌いなことをクリアしなければいけません。これは人生の真理だと思います。

好きなことをしたいと思っても、スキルも資金も人脈もありません。ＲＰＧでもいち早く先に進んで新しい展開が見たい、ボスを倒したいのに、レベル上げや武器や魔法集めなど段階を踏む必要があります。好きなことだけをするにはクリアすべきことがある。これは避けて通れない事実だと思います。

一年を犠牲にして嫌な面をクリアしましょう。抑圧された奴隷が牢獄で脱獄ルートを掘るかの如くです。スプーンは使いにくいし、監視をかいくぐってなんとか時間を確保してやらなければならない。でもそれをクリアしたら美しい外の光が待っています。

私もＭＢとしてこうして皆さんに書籍や動画で情報を発信し、自社製品の服を届けるという本当にやりたかった生活に到達するまでに相当数の嫌なことをクリアしてきました。とくに独立までには一年かけて準備し、努力しました。知識も能力もセンスも何もなかった私ですから、サラリーマンの終業後20時から26時の間を独立の準備に充てて、土日は図書館にこもりました。当時お付き合いしていたパートナーに迷惑をかけ、親には心配をされ、本当に辛い時間でしたが、その一年をクリアしたからこそ、「ＭＢ」は軌道に乗りはじめたのです。この達成感は生涯忘れることはないでしょう。

好きなことで生きていこう。
理想の働きかたをしよう。

軽々しい話ではありません。真剣に捉えて努力を重ねなければ叶いません。しかし、嫌な仕事で苦手な上司に頭を下げながら不満と不幸を抱えて自分を騙しながら生きていくことのほうが難儀です。閉塞感をそのままにせず、また世間や社会のせいにもせず、一年間だけ人生を変えるために努力してみませんか。抑圧されたまま一生を終えることが本当に正しいのか考えてみてください。

人生の最後を迎えるとき、目をつぶり、「ああこれでよかった、幸せだったなあ」で幕を閉じたい。それが人間らしい生きかたというものでしょう。

私たちは旗を掲げ、理想を生きる権利があります。
今日から奴隷ではなく、王として進むのです。

第2章　わかっていても人は動けない

成果を得るための3つのフロー

本章ではより具体的なメソッドを説いていきます。

第1章では、自分の生きる目的やそれに伴った仕事の目標などロードマップの定めかた、そして実践していく方法を「奴隷の論理」としてまとめました。

第2章では、具体的な局面において、頭ではわかっていてもなかなか実行できない原因について解消していきます。なぜ人は頭では理解できているのに、実行に移せないのか？その原因を因数分解していけば、人が動けない理由がわかります。

そして、常に【思考】【行動】【結果】の3つのフローを意識することで、成果を得ることができるようになります。

例えば、会議でやるべきことが決まり、日々それを粛々とこなす。しかし、なぜか成果に結びつかないという人は多いはずです。

もしくはそもそも決めたことがあるはずなのに怠けてしまうといった人も多いでしょう。もっと手前の段階で、やるべきことが思いつかないという人もいるかもしれません。

大丈夫です。私のサラリーマン時代もまったく同じでした。

本章ではこうしたつまづきのポイントの原因を一つひとつＱ＆Ａの形式で丁寧に解決していきます。

まず、仕事において成果を得るには、次の３つのフローを意識する必要があります。

①【思考】仕事の作戦、ミッションを考える、調査する。

②【行動】思考段階で決めた作戦を実行する、継続する。

③【結果】結果を出す、結果を振り返る。

この３つのフローが順に行われてはじめて成果に結びつきます。理解できても行動ができないそれぞれの理由をあげ、解決策について言及していきましょう。

【思考①】相手が誰かを定義せよ

例えば、売り上げがどうにも乏しくて、新しい集客方法で起死回生を図りたいとします。会議をいくら積み重ねても「広告を出しましょう」「インフルエンサーに紹介してもらいましょう」「イベントを企画しましょう」といったありきたりな案しか出てきません。実際にこれらを実行したとしても、さして売り上げは伸びないでしょう。いったいそれはなぜなのか？

悩み「集客やセールスでいいアイディアが思い浮かばない」
回答「劇的にアイディアが湧いて出てくる魔法があります」

どれだけ頭を捻ってもいいアイディアが出てこない。これはおそらくビジネスに携わるすべての人の悩みです。ネットを見ればホリエモンやひろゆきなど頭のいい経営者が新しいビジネスアイディアやプランをバンバン出しています。その姿を見て、仕事ができる人はやはりセンスが違うと羨ましく思っていませんか？

しかしこれは、端的に言ってまちがっています。

アイディアの有無は発想力の差ではありません。人間の頭脳や能力にそこまでの大きな差はないからです。日本の教育水準は高く、高等学校への進学率は98％を超えています。同じような基礎ステータス値で、同じような教育を受け、そこまで大きな差が生まれるとは到底思えません。そもそも発想力などという測りかたもわからないものが存在することすら疑わしい。

アイディアが思いつかないのは考えかたのせいです。ここではあなたが簡単にアイディアマンになれる魔法を伝授いたします。

その前に一つ思考実験を行います。デートを例にします。「相手が誰かはわかりませんが、週末に東京でデートに行くことになります。喜ばれるプランを考えてください」と言われたらどうしますか？

相手がわからない、もしくは初対面の想定でもいいでしょう。お見合いみたいな感覚で、どんな人かわからない、見た目も中身もほとんどわからない相手とデートをすることになったときにどんなプランを考えるでしょうか？

おそらく普通の考えかたであれば、「東京　観光　デート　おすすめ」「東京　デートディナー」「東京　わかりやすい　集合場所」などといった検索キーワードを駆使して情報を集め、必要であれば店を予約してプランを立てるでしょう。使うサイトはＧｏｏｇｌｅ検索や食べログあたりでしょうか。デートの肝心要になるディナーに関しては食べログの星評価やＧｏｏｇｌｅＭａｐの口コミを基準に選びます。高評価のお店にあたりをつけ、予約できるかも調べます。おそらく大半の人がこうした行動をとるはずです。

たしかにこのやりかたであれば、デートはそこそこうまくいくはずです。食べログの星評価や口コミがよければ、味や接客でハズレを引く確率が減っていきます。皆がおすすめするデートコースなので、悪くはないでしょう。しかし、相手が心底満足するかと問われれば、おそらく平均点にしかなりません。

仮に相手がお見合いのように、いろいろな異性と初対面のデートを繰り返していたのであれば、皆同じような行動をとった結果、あなたの印象もありふれたものになります。よほどコミュニケーション能力に長けていない限り、平均的な結果に終わり、ほかと差別化にはなりません。

次に、「10年慣れ親しんだパートナーを週末デートに連れて行って、相手に喜ばれるようなデートプランを立ててください」と言われたらどうでしょうか。

今度はプランの立てかたがまるで変わってくるはずです。

パートナーの好きな食べ物は熟知しています。今の気分すらわかります。どんな雰囲気が好きで、どんなデートだと喜んでくれるのか知っています。「○○が欲しい」と言っていたから買っておいて贈ろうなんてサプライズもお手のものです。

その結果、平均点を上回るデートプランを組み立てることできます。パートナーはギフトに泣いて喜んでくれるかもしれません。

これは、「誰」の重要性を知ってもらうための思考実験です。そう、相手が「誰」かがわかっていればデートでもビジネスでも勝ち筋なのです。

なぜあなたが集客方法を思いつかないのか。なぜあなたはお客様向けイベントのアイディアが思いつかないのか。なぜ適切なセールス方法が思いつかないのか。

それらはすべて「誰」かが抜けているからです。

顧客を定義していないために、「誰」を相手にしているかわからない。わからないから「広告を出しましょう」「フォロワーが多いインフルエンサーに頼みましょう」などありきたりで平均的なアイディアしか出てこないのです。食べログで高評価のお店を探すのとまったく同じ現象です。

ビジネスや仕事では、自分のお客様は「誰」なのか。コアターゲットを設定する必要があります。私の敬愛する経済学者ピーター・ドラッカーの言葉で「事業は顧客から創造される」というものがあります。まさにこの一言に集約されています。

ビジネスをする際に、いろんな人に買ってもらいたいでは、ダメなのです。これは残念ながら思考放棄の言い訳にすぎません。ユニクロやＡｍａｚｏｎなど老若男女を対象としたある種のインフラに属する超大資本を除けば、ビジネスには必ずコアターゲットが存在しています。たしかにおじいちゃん、おばさん、お兄さん、子供などいろいろな方に来ていただきたい、サービスを受けていただきたいと思うのは仕事の常です。しかしながらコアとなるターゲットがどのビジネスにも必ず存在します。

あなたの事業は本当に男女比率も年齢比も属性比もすべて均等なのでしょうか？　必ずメインターゲットがいるはずです。そのメインターゲットのなかでも主流でありテンプレート的な人物像を定義してください。これがいわゆる顧客の定義です、言いかたを変えればペルソナマーケティングです。

顧客は複数設定しても構いませんが、可能な限り詳細に想像してください。

・どこに住んでいるのか。
・どんな仕事をしているのか。

・休日は何をしているのか。
・趣味は何か。
・普段どんなメディアを見ているのか。
・普段どんな検索ワードを使うのか。
・普段どんなＳＮＳにアクセスし、どんな使いかたをしているのか。
・家族構成は？
・悩みは？
・飲みに行くお店は？
・よく行く洋服屋は？

などなど、なるべく詳細に定義します。

そしてこの「誰」かが定まるとアイディアは自ずと思いつくようになります。

その人がどこにいるか想像がつくので、広告を出す場所がわかります。検索ワードがわかっているので、よく使うＳＮＳには検索ワードを使った広告を設定することができます。

ネット広告は、属性まで指定できるので、かなり深くセグメントできます（年齢や住んでいる場所などで表示するユーザーを絞っていくこと）。すると広告単価も安くなり、費用対効果の高い広告戦略が可能となります。

よく行く店には営業をして、ターゲットとなる属性の客にチラシを渡してもらって販促に協力を依頼することができます。居酒屋でも洋服屋でも美容室でも競合関係のない店であればフィーを支払うことで実行可能でしょう。

「誰」かが明確であれば、居る場所がわかり、気分がわかり、趣味がわかる。好みがわかるので、行動パターンがわかる。そこに仕掛けていけばいい。居る場所に広告を出して、好きな言葉を広告に埋め込み、趣味のとおりにサービスや商品を開発する。長年連れ添った人に喜んでもらうデートプランを考えるのとまったく一緒です。

なぜアイディアが思いつかないのか、それは「誰」かがわかっていないからです。

「相手は誰かわからないけど集客方法を考えてください」。
「相手は誰かわからないけどセールストークを考えてください」。
「相手は誰かわからないけど売れる商品をつくってください」。

これでは何も思いつきません。思いついてもすべて凡庸なものになります。ビジネスアイディアを考えだして差別化するためには、相手が誰なのかを明確にする以外にありません。そして優れたアイディアマンはこの顧客の定義がはっきりしているため、凡庸な発想を常に上回り続けるのです。

【思考②】常に考え続けよ

以前、私がゲストスピーカーとして呼ばれた法人向けセミナーで、仕事ができる人とできない人の差について質問されました。

そのとき私は、「思考の差です」と回答しました。

仕事ができる人はよく思考をしています。前章で書いた「一日一時間戦略」の項目でも触れましたが、考え続けることで答えをだしているのです。ところが仕事ができない人は考えていません。課題や物事に対して、できそうにないと判断すると、すぐに諦めてしまいます。

悩み「アイディアはあるけど、できそうにない」

回答「できそうもないことをできるようにするのが仕事。そのためには思考が必要です」

そもそもビジネスとは、できそうにないことをどうにかできるようにすることです。誰でもできることをいくらやっても他人とは差がつきません。誰もできないことをやるから差別化が進み、成果が得られるのです。能力や才能に特別なものがあるなら別ですが、誰もができることをやっていては、凡庸な成果しか得られないでしょう。

仕事ができる人は、課題や物事に対して難しそうだなと思うことを、どうにかできないものだろうかと思考をめぐらせます。

その課題をすでにクリアしている人がいれば、アポイントをとって話を聞きに行こうとします。必要なスキルがあればそのスキルを獲得する方法や、そのスキルを持っている人を巻き込む方法を考えます。

凡庸でない成果を求めるなら、必要なのは能力や才能ではありません。ただ単に考え続けることなのです。

前章で解説したとおり「一日一時間」を活用してください。一日一時間思考して、できるようになる方法を考えてください。1か月も経てばなんと30時間考えたことになります。丸一日以上考えて何一つアイディアが出てこないなんてことはありません。ただし考えるときは「ながら」ではいけません。前章のとおりです。集中して考えてください。思考専用の時間をつくって考えれば、1か月と言わず数日で思いつくはずです。

仕事ができない人はできそうなことしかしません。一方、仕事ができる人は、できなそうなことを考えてできるように模索しています。

この差がとても大きいのは明白です。

王様であれば宰相や軍師など側近が考えます。しかし、我々は奴隷です。奴隷は自ら考えるしかありません。牢獄から出る方法を必死に考えましょう。牢獄は開かないものと思考放棄するのではなく、地面に穴を開けられないだろうか、看守を買収できないだろうかと考えるからこそ先に進めるのです。

私は海外ドラマ『プリズン・ブレイク』が大好きです。ご存じのとおり、脱獄不可能と言われる監獄に囚われた兄を助けだす話です。思考し準備し実行する。これがビジネスのあるべき姿です。我々はあまりにも考えていない。思考を放棄していることを自覚してください。

「思考③」ネットに頼るな

現代はすっかり便利になりました。

ネットが発達したことで、家で簡単に調べて答えを出すことができます。仕事や人生で困ったときには、大概の人はネット検索でまず答えを探そうとするでしょう。

例えば最近では病気や体調不良のときに、まずネット検索で症状を調べてから、対応している人が多いと思います。

悩み「ネットでアイディアを探しているけどなかなか思いつきません」

回答「ネットでは差別化できません」

ビジネスで成果を得るには、他人とは違うことを成し遂げる必要があります。差別化という面でネット検索を考えると、たしかに90年代であればインターネットに接続している人はまだまだ少数派だったので差別化の意味がありました。しかし、令和の現代においてモバイル端末の世帯保有率は97％を超えています。おじいちゃんおばあちゃんでもGｏｏｇｌｅ検索を使っています。

つまり、皆がアクセスできる情報に接したとしても、その情報に価値はありません。他人とは違う結果を求めるのであれば、他人とは違う情報を得る必要があります。

他人と違う「結果」を求めるなら、他人と違う「行動」をしなければなりません。
他人と違う「行動」を求めるなら、他人と違う「思考」をしなければなりません。
他人と違う「思考」を求めるなら、他人と違う「情報」を獲得しなければなりません。

ネット検索がすべて悪だとは言いませんが、それだけやっていても差別化には至らないというのは事実です。他人と差をつける思考にはつながりません。

では他人と違う情報収集とはどんなものか。簡単です、ほとんどの人がＧｏｏｇｌｅ検索で調べているのですから、違うやりかたをすればいいだけです。

まずは、オフラインでの情報収集です。自分の業種の成功事例をネットで調べるよりも、同業での成功者にアプローチして直接話を聞いたほうがはるかに有益です。

相手にしてもらえるわけがない、とパッと見で判断した方は前項を参考にしてください。できそうにもないからと諦めるのは、仕事ができない人の典型です。我々奴隷がやるべきは、できそうにもないことを思考してできるようにすることです。

例えば、成功者に相手にしてもらう方法を考えてみましょう。ビジネス書を出しているような成功者なら、書籍を20冊買って「これだけ書籍を買って、これだけ普及をしています！　どうか5分だけでいいのでお話を聞かせていただけないでしょうか」とDMを送ります。一冊1500円なら20冊買っても3万円です。3万円で話を聞く糸口がつかめるなら、悪い投資ではありません。こんな提案を受けて無下にする人は少ないと思います。その成功者が本を出したばかりなら、なおさら効果的です。相手が反応せざるをえないアプローチは、考えればいくらでもあるはずです。こうしてほかの人が持ってない情報を獲得していく。すると思考は一気に捗ります。

先ほど体調不良の例をあげました。しかし、よく考えたらおかしな話です。いくらネットで調べても気休めにしかなりません。判断しているのはしょせん素人の自分です。適切な対応とは言えません。それよりも医者に診断してもらうべきです。

病院に行くのは面倒なので、アスクドクターズ（https://www.askdoctors.jp）を利用するのはいかがでしょうか。月額３３０円で医者にオンラインで質問できるサービスがあります。この手のサービスはほかにも多数あります。

皆がやる方法には価値はありません。情報収集もネット検索だけでなく、こうしたほかの人がやらない方法を模索することで思考のタネを生みだすことができます。意識すべきは常に差別化です。

【行動①】集中力を保て

あるアンケートでは、在宅ワークが増え集中力が下がったと回答した人が９割を超えたそうです。本書で推奨している思考や会社に縛られない働きかたは、在宅ワークとは切っても切れない間柄です。また、一日一時間集中して考えることができないような環境では、次に進むことができません。多くの方が起業、転職、副業など人生の方向転換がうまくできないのは、家で集中力が続かないという理由もありそうです。在宅での集中力アップは人生をつくるために避けては通れない問題です。

悩み「集中力がなく、どうしても作業が進まない。在宅ワークだとなおさらできなくなる」
回答「集中力を高める2つの方法を伝授しましょう」

ちなみに、加齢で集中力が落ちてきたと感じる方もいらっしゃると思います。しかし、研究では集中力のピークは43歳前後で、60歳を過ぎてはじめて少しずつ集中力が落ちてくることがおおむねわかっています。働き盛りである30～50代の方はあまり関係ないと思います。集中できない要因は、加齢ではなくほかにあります。

閑話休題。なぜ、在宅ワークになると集中力が下がってしまうのでしょうか。それはモノには引力があるからです。

そもそも家は、職場や学校とは異なり複数の目的を持った空間です。職場は仕事をする場所であり学校は勉強をする場所です。単一の目的のためにつくられた空間であるからこそ、そのほかの行動を起こす気が起きにくいように設計されています。

自宅は睡眠から食事、家事、談笑、リラックス、趣味、仕事、勉強など、ありとあらゆる目的が介在しているため、当然、それに合わせたモノが配置されています。このモノが実に厄介なのです。

例えばマンガ。マンガは読みたくなるように表紙がデザインされています。テレビのリモコンは押しやすいように設計されているので、つい使いたくなります。ペットボトルは口をつけたくなるように、お菓子は食べたくなるようにパッケージデザインがなされています。

モノはそれぞれ、我々に使ってもらう、消費してもらうためにデザインされています。視界に入るとその誘惑が届いてしまいます。これがモノの引力です。視界に入った瞬間に引力は生まれる。スピリチュアル風な表現ですが、現実的な話です。使いたくなるようにデザインされているので、モノを見れば使いたくなるのは当然なのです。モノにはこういった引力があります。

だから机の上や視界に仕事では使わないものがあれば、集中力は失われます。引力に負けて、マンガやスマホに手を伸ばし、コーヒーを淹れるためにキッチンに立ってしまうのです。人間はモノの誘惑を断ちきれるほど意志が強くありません。

だから在宅ワークは難しい。家には複数の目的があり、それに基づいた複数のモノが置かれています。集中力は途切れて当然なのです。これを断ち切る方法は単純明快で、視界に余計なものを入れないことに尽きます。

作業スペースとなる机からは余計なものをすべて排除します。そして視界に入る余計なものはすべて隠すことです。大型テレビがあり、どうしても視界に入ってしまう場合は、白い布を被せて隠します。たったこれだけでも集中力に驚くほど変化が生まれます。家で作業をする際は仕事以外何もしない。専用の書斎などがあれば理想ですが、ない場合は隠す、片付けるを徹底することで集中力を高めることができます。

またもう一つ、タイマーを活用した集中法を教えます。1980年代に確立されたポモドーロ・テクニックです。

その方法は、①25分を1ポモドーロとして、25分間、ほかのことは一切やらず決めたタスクに集中します。
②25分経ったところで、5分間の休憩を入れます。
③4ポモドーロごと（2時間ごと）に30分ほどの長い休憩をとります。
④上記を繰り返します。
ただこれだけです。

25分でなくてもOKです。私は45分を1ポモドーロとして考えています。いずれの場合も集中力には限界がある、という事実に基づいて設計されています。

科学的に集中力の限界時間には諸説があり、また個人差もあるので、正しく言いきることは難しいのですが、体感的には私は40～45分くらい経つと徐々に集中が途切れることを自覚しています。50～60分と続けて作業をすることもできますが、疲労感が蓄積した結果、睡眠や食事を挟まないとリカバリーできないことに気がつきました。

そこで私は、45分という、まだ頑張れそうなタイミングに一旦休憩を挟むことで次の45分も意識を持続させる方法をとっています。実は私はポモドーロ・テクニックというものを知る前にこれを実践していて、後からそのような理論が確立されていることを知り、驚いたものです。

この方法は集中力が劇的に持続します。普通は2時間ほど無理をしながら集中を続けて、途切れ途切れになりながら完走し、その後はいくら休憩を挟んでも効率が落ちて一日が終わるといった働きかたをしている人が多いと思います。私もサラリーマン時代はそんなことが多かった。午前中の9～11時が一番波に乗れていて、午後はなんだか気合が入らない、そんな日々を繰り返していました。

しかしこの、寸止めで休憩を入れて持続させる省エネ法を採用してからは、夕方までしっかり業務に集中することができるようになりました。

肝心なのはまず、タイマー管理することです。25分でも45分でもいいのですが、自身の集中力がなくなる少し前の時間でタイマー設定をします。その際、脳内管理ではなく必ず音を鳴らしてください。スマホで音を鳴らし、音がなったらすべて忘れて休むとしてください。これを続けると条件付けがされていき、音がなるまで全力で走りきって音が鳴ったら忘れて休む、ということが習慣として根付きます。一種の自己暗示です。

また、どんなに波に乗っていても必ず休むようにすることが肝要です。まだいける、ここからが面白いと思っても必ず休みましょう。そのモチベーションがあると次の45分も持続して集中することができるようになります。

以上、隠す、片付けるとポモドーロ・テクニックを活用することで在宅でも集中力を劇的に上げる方法でした。

【行動②】10年後を想像せよ

第1章でも記したとおりですが、人生とはあなたのしたいことの積み重ねです。自分の価値観に従って、望む人生を自分で考えねばなりません。だからこそ頑張れるのです、努力できるのです。他人の価値観に左右されるものではありません。

悩み「どうしても行動が続かない、頑張ることができない」

回答「それは本当にあなたのしたいことなのか再確認しましょう」

どうして仕事を頑張れないのか、どうして努力が続かないのか。もちろんそれは前項で話した集中力の問題もありますが、もっと根本的なところでボタンを掛け違えているかもしれません。それは本当にあなたのしたいことなのでしょうか。

誰もが出世したいわけではありません。誰もが広い家に住んで高級車に乗りたいわけでもありません。結婚してもしなくてもいいし、子供がいようがいまいが関係ありません。人の幸せや理想の形はそれぞれで違います。にもかかわらず、皆一様に、無意識のうちに、毎年昇給すべきとか、家を建てるべきとか他人がよしとする価値観を追いかけています。

ゴールはあなたが決めるから価値が生まれるのです。こうなりたいと自分の願望からくるゴールだからこそ、走る気力が生まれてくるのです。どうなりたいかもわからないけど、皆が言うからそうしなきゃでは、その競技が何かも知らずに、ただ走っているだけです。ゴールのない競技で走り続けられる人などそもそもいません。

頑張って努力して行動して、でもどうしても続かないとき。その努力は、もしかすると自分のゴールではない可能性があります。

社会人はお金をたくさん稼ぐべきだ。
去年より今年、今年より来年と成長すべきだ。
いい歳なんだから恋人やパートナーをつくるべきだ。

そんなふうに他人が決めた「べき」に従っても、やる気は起きません。その前にやらなくちゃいけないことが人生の目的設定なのです。

あなたの人生はどうなるのが幸せですか？
どういう働きかたが理想ですか？

どんな家に住み、どんな食事をして、どんな家族を望みますか?

年収1000万円を一つの目標として掲げる人がいたとします。しかし、1000万円を何にどう使うつもりなのか決めている人はいません。使い道も決めていない、理想の生活水準の想像ができていないのに、なんとなく年収1000万円を目指すとしているのなら、それは絶対に叶いません。自分の願望ではないからです。誰かにそそのかされたり、刷り込まれたりした洗脳のようなものでしかない。そんなものに向かって死ぬ気で努力できる人は一人もいません。

10年計画を立ててみてください。具体的に10年後にはどんな暮らしでどんな生活でどんな働きかたをしているのが理想なのか。他人から与えられた価値観ではなく、自分の願望で考えてみてください。

私は広い家に自分が住む想像をすると妙に寂しくなるので、程よく狭い家が理想でした。28歳のころに10年後に住む家の設計図を書きました。理想は具体化すればするほど叶いやすくなります。そしてその理想は必ず自分の願望から成るものでなくてはなりません。

なんとなくネットで言っていたから。
なんとなくメディアで言われているから。
なんとなく幸せそうだから。

そうではなくて、自分はどう生きたいのだろう。この根源的な問いに向き合ってください。自分のやりたいことがゴールであれば、頑張ることできます。そうではないから頑張れないのです。ものすごくシンプルです。

そもそも他人が決めた生きかたをするなんて奴隷そのものだと思いませんか？

【結果①】成果を振り返れ

正確には悩みではありませんが、好事魔多しという戒めの言葉があるように、うまくいっているときでも、うまくいってないときでも、必ず定期的に振り返りの時間をつくってください。事業やビジネスによってその適切なタイミングは異なりますが、少なくとも3

か月に一度は振り返りをするといいでしょう。

悩み「うまく結果が出たのでどんどん数字を上げていきます！」
回答「定期的に振り返りの時間をつくりましょう」

もちろん業務的になぜできなかったのか、何が足りなかったかを振り返って、翌日に活かすのはとても大事です。数値目標を設定してそこに到達しなかった場合は、どこに原因があって何を改善すれば到達できたのかを考える必要があります。

しかし実はもっと重要なのはうまくいったときの振り返りです。人間うまくいって業績が上がっていくと数字に囚われるようになります。

数字とは何かを成し遂げるための手段であって目的ではありません。年収1000万円は、あくまでも人生の目的を叶えるための手段です。金額の多寡に目がいってしまうと、数字を高めるためだけのゲームになってしまいます。

1000万円の次は1500万円、その次は2000万円と、営業売り上げにおける昨年対比もその類といっていいでしょう。

繰り返しますが人生には目的があり、それを達成するために必要なお金があります。お金を無為に稼いでも時間を空費するだけです。時間を犠牲にして目的のないお金を稼いだところで、それをいつ使うのでしょうか。時間はお金よりもはるかに大事なものです。なぜなら時間は命の構成要素であり、お金では買えないからです。新興宗教「お金教」に洗脳されている人であれば仕方ありませんが、普通はどちらが大事なのか明白です。

お金はなるべくあるほうがいいと漠然と願う人もいますが、資本主義による弊害だと思います。お金があっても不幸な人はたくさん見てきましたし、お金はそもそも使い道があってこそ価値があるものです。ライフプランがあって使うめどがあり、それに必要だから稼ぐべきであって、お金を稼ぐことが目的になってはいけません。時間を浪費してまでお金を稼いでも人生は空っぽになるだけです。

資本主義は無限の経済成長を求めます。昨年よりも今年、今年よりも来年の経済成長を望むイデオロギーです。しかしながら、地球環境や労働資源、あなたの時間は有限です。

なぜ結果にだけ無限を望むのでしょうか。我々人類は資本主義が不完全であることをすでに知っています。しかし、資本主義にとって代わるイデオロギーがないがために、いまだに身を委ねています。

社会がこうした無限の経済成長を標榜する資本主義を求めているからといって、自分まで目の前のお金に耽溺していると、いつの間にか数字の奴隷になってしまいます。数字の奴隷になるのではなく、自分がどんな人生を送りたいのか。その一点のために数字があり、手段として捉えるべきです。

しかし人間も動物です。目の前にニンジンがぶら下がっていればそこに集中します。ゴールするために必要な手段であるはずのニンジンが、いつの間にか、ニンジンのことしか考えられなくなっている。

だからこそ目的を再確認する振り返りが必要なのです。数字の奴隷にならないように、自分はなんのためにこの数字を求めているのか。これを定期的に確認し手段の目的化を防ぎましょう。

【結果②】他人の力を使え

今の世のなかでネットの集客を無視することはできません。いかにしてＳＮＳで人を集めるかはビジネスの課題だと思います。とくに起業や副業をしている方は、ＳＮＳで影響力を持つことは死活問題といえるでしょう。

私がやっている音声配信アプリＶｏｉｃｙでの人生相談コーナーにおいても、フォロワーを増やす方法についての質問が恒例となっていることからも、皆さんの悩みの深さをうかがい知ることができます。しかしフォロワーを増やすことが直接、成果に結びつくかというと疑問です。ゼロから10万人フォロワーを目指す手間を考えると、別の方法を探ったほうが早いからです。

悩み「集客宣伝のためには影響力が必須だと思います。しかし、ＳＮＳでフォロワーを増やそうとしているのですが、なかなか増やすことができません」

回答「自力ですべてをやる必要はないですよ」

冷静によく考えてみれば、自身でSNSのフォロワーを増やす必要なんてありません。すでにフォロワーを多く獲得している人を巻き込めばいいからです。

10万フォロワー、100万フォロワーと多くのフォロワーを獲得している人、もしくは数万人のフォロワーしかいないけど顧客忠誠度の高い人、自身の業界でそうした影響力の高いインフルエンサーは簡単に探すことができます。見つけたら、宣伝を手伝ってもらえばいいのです。

そもそも相手にしてもらえないでしょうか？　しかしちょっと考えてもらいたい。ゼロから10万フォロワーを自力で集めるのと、10万フォロワーを持っているインフルエンサーに手伝ってもらうのと、どちらが簡単でしょうか。

XだろうとYouTubeだろうとInstagramだろうと、ゼロから10万のフォロワーを集めるのははっきり言って至難の業です。登録しているほとんどの人が、影響力を得るというたった一つの目標に向かってフォロワーの獲得を目論んでいる超競争市場は、いわば恐ろしいほどのレッドオーシャンだと言っていい。

上位層の人たちは日々アルゴリズムを研究し、毎日投稿して分析し、血の涙を流しながら努力を重ねてもフォロワーが集まらずに苦心しているのです。そこで戦って勝つのはまず難しいと思っていいでしょう。それでもなおビジネスとしてやる必要があって、10万フォロワーを集めるのに10年かかっていたとしたら、それはコスパが悪すぎです。

であれば、10万人フォロワーを10人探してきて、片っ端からＤＭを送って一人でもその気にさせるほうが簡単です。

それもあたって砕けろではなく、相手がその気になるように文章を考えたり、報酬を用意したり、相手のメリットを意識したりと熟慮します。本章「【思考③】ネットに頼るな」で解説したとおり、物販をしている相手ならそれなりの量を買って「これだけ買ったので５分だけ時間をとってください」と先にｇｉｖｅしてお願いするなどの準備するといいでしょう。

以前、私はフォロワー数千人規模の恋愛インフルエンサーの依頼を受けて、一緒にセミナーをしたことがありました。数千人といえばＳＮＳ市場ではたいした数字ではありません。「万」になって初めて多少なりの影響力が作用する世界なので、数千だと期待できるような集客力はありません。

しかし、当時の私は恋愛系のコーチングに興味がありました。モテるためにはどうすべきかといった非モテ教育でもある恋愛市場は、私の潜在的な顧客であると定義していたので、モテたいからファッションを学ぶというのはごく自然な流れであり、モテようと思って恋愛市場にいる人に対して知名度が上がれば自然と顧客が増えるだろうと思っていました。

恋愛市場にリーチする際に、どの手順でどのように教育しているのか具体例を見たいと思っていたので、先方の提案を受けることにしました。先方は、これから影響力をつけていきたいと私のフォロワーを頼りに連絡してきたのですが、恋愛とファッションは親和性が高く、コンテンツをすべて提供してくれるというので、渡りに船だと思い、ノーギャラで受けたのです。

たしかに学ぶことは多く、先方にも集客と宣伝効果というメリットが発生したので、Ｗ

ＩＮ－ＷＩＮだったと思います。フォロワー数や影響力でいえば、先方のほうが劣っていたのですが、それとは関係のないベネフィットが私にはあったのです。

このように思考していけばアプローチ方法は案外あるものです。相手のことを調べて相手が求めることを考えて渾身のＤＭを送る必要があるので、手間はかかりますが、ゼロから10万人フォロワーを集めるよりもはるかに簡単だと思います。

なぜか私くらいの年代に集客もセールスもシステム構築もすべて自分でやろうとする人が一定数います。若い人はクラウドソーシングを活用して組織的にやろうとする人が多いのですが、中年は人によっては遠慮もあるし、プライドもあるので、なかなか他人の助けを得るという発想がありません。

実は私も初期のころはすべて自分でやっていて、ブログすらアメブロではなく自分でコーディングしていました。ＳＮＳ戦略もアルゴリズムを解析してゼロから展開していました。今思うと、他人に任せていたら、もう４、５年早く世に出てこられたかもしれません。

同じ轍を踏まぬよう他人の力を使うことを覚えてください。

【結果③】諦めよ

ロードマップをつくり努力をしてきたけど、半年経っても結果が出ず、一年が経とうとしている。そんなときには諦めることも考えてください。

悩み「どうしても結果がでなくて参っています」

回答「ときには諦めることも大事です」

人間の目的は、人生を幸せに生きることであり、目標を遂行することは手段にすぎません。目的を軽々と変えることはおすすめしませんが、手段を変えることはあって然るべきだと思います。この手段を続けても目的にどうやら到達しないと感じているのなら見直しが必要です。

もちろんこの見直しをタテにして、すぐに諦めてしまう癖が出ないように、半年や一年などの期間は決めて走り切るようにしましょう。ただ走っている最中に、どうやらまちがっているのではないかと感じているのならば、諦めて手段を変えるのも一つです。

今までやったことが無駄になると思うかもしれませんが、今まで頑張った時間は諦めようと続けようと返ってきません。むしろ頑張った結果、この道は誤っていたとわかったわけですから、その意味において先に進んでいます。失敗は諦めた瞬間に失敗になり、諦めなければ成功に必要なフローの一つとなります。

できないもの無理なものにいつまでもしがみついていても仕方がない。手段を目的化させてはいけないのです。

第3章　僕たちはどう生きるのか

僕たちの4つの生きかた

本章では具体的にどういった働きかたがあって、何を選ぶと自分らしく生きられるのか、類例によって解説していきます。

働きかたは左記の4つあります。

①サラリーマンとして生きる。
②本業と副業で生きる。
③起業して生きる。
④仕事を諦めて生きる。

自分のロードマップに従って当てはまる項目だけを読んでも構いませんが、すべてに目を通すことで、理解がより深まるはずです。

【サラリーマンとして生きる】

私は、すべての人に起業して独立せよと説いているわけではありません。サラリーマンでも幸せになることはできます。なぜか世の風潮として、起業して経営者になるほうが人として偉い、優れていると思い込んでいる人もいますが、そもそも偉いってなんでしょうか。

ここまで本書を読めばわかるとおり、人生のゴールは自分で決めるものです。サラリーマンとして生きる選択もあれば経営者として生きる選択もある。どちらが幸せかは人それぞれです。

後述しますが、仕事を諦めるというのも選択肢の一つです。肝心なのは自分が幸せであること、それがすべてなのです。その意味において、たとえ上場企業の経営者であっても人生を楽しむことができず、幸せでないなら負け組であり、年収３００万円であっても、望んだ人生を歩むことができていれば、勝ち組なのです。

さて日本では、就業者における雇用者の割合は90％近くと言われ、誰かに雇われてサラリーマンや公務員、派遣社員や非正規雇用、アルバイトとして生きているのが大多数です。

本項ではとくにサラリーマンとして働いている人が仕事を楽しむための具体的なメソッドをお伝えします。

サラリーマンでも幸せになれる

本書でも繰り返し説いてきたとおり、人は幸せになるために生きています。幸せの形は人それぞれ違います。しかし、幸せになりたいという想いは共通です。他人のために生きるといった社会的使命感に燃えている人も、回りまわってそれが自分の満足度を刺激して幸福度を高めているからこそ継続しているのです。

そして、幸せに生きるとは、幸せを感じられる時間を増やすことです。時間とは人生の最小構成要素なので、時間の積み重ねがすなわち人生となります。であるならば、幸せな時間をなるべく増やすことが幸福であることに異論はないでしょう。そのためには、仕事の満足度を上げることが重要となります。

しかしながら、私が見てきたほとんどのサラリーマンは、仕事だから仕方ないといって嫌なことを受け入れ、好きなことからはかけ離れた働きかたをしています。

苦手な上司や先輩、人間関係に疲弊して、嫌いな取引先に頭を下げて、やりたくもない仕事を日々黙々とこなす。

私にも覚えがありますが、皆さんも思い当たるはずです。こうした働きかたは幸せとは対極にある、まさに奴隷の人生だといってもいいと思います。

仕事はおよそ週に５日間、健康で元気に活動できる20～60歳までの人生の大半を費やすことになります。週７日のうち５日間も嫌なことがあると、幸せな人生からはほど遠くなるでしょう。

起業すれば、働く日数も働きかたも人間関係もある程度自分で調整ができるようになります。もちろん、別の悩みも生じますが、組織の都合に従う必要はなくなります。サラリーマンは常に組織の都合に振り回され、ストレスや不自由さを感じ、奴隷的な働きかたに終始しやすいのは事実だと思います。

誰かに雇われて組織のなかで働くという状況において、サラリーマンが考えるべきは、いかにストレスを減らし、好きなことを手にするかということです。サラリーマンが幸せに働くためには、そのポジションを自分でつかみとらねばならないのです。

サラリーマンこそ働きがいにこだわれ

そもそも就職先を条件で探した人ほど、奴隷的な働きかたに陥りやすくなります。やりたいこと、好きなこと、得意なこと、興味のあることを後回しにして、給与や休日、会社の将来性など条件で就職先を選んだケースです。

これまでに解説したとおり、お金があれば幸せ、休みがあれば幸せ、クビにならなければ幸せというわけではありません。お金があっても不幸な人はいますし、休むことなく仕事に没頭して満足感を得ている人もいます。安定志向で公務員を選んだつもりが、毎日後悔している人もいます。

他人が決めた物差しである条件を基準にして仕事を選ぶと後悔が多くなります。幸せの形は人それぞれ違って自分だけの理想があるはずなのに、なぜ他人が決めた基準である条件を優先してしまったのか。そこに気づきさえすれば、条件を優先することの無益さがわかります。

仕事を選ぶ際は、たしかに条件も大事です。家族を養うためには、現実的に生活できなければなりません。休みも必要でしょう。しかし、あえて断言します。それよりも、大事なのは毎日楽しく仕事ができる、いわば働きがいなのです。

苦手なことや嫌なこと、興味のないことを仕事にしてはいけません。そうした作業は生産性が低く、成果が得られません。嫌々やっている人よりも、楽しんで熱中している人のほうが、誰がどう考えても生産性は高いでしょう。

あらゆる意味において、嫌なことや興味のないことを仕事にするのは悪です。自ら奴隷的な人生を歩んでいるにも等しい。その様は、ひたすら石を積み重ねて王様のための城をつくっている奴隷の如きです。こうした状況がすでに起きてしまっている場合、解決策は２つあります。

一つは転職、もう一つは配置転換を希望して働きがいを得ることです。

当然こうしたことを決断する前に、まず自分が何に興味を持っているのか、どんな働きかたが好きなのか。じっくり考える必要があります。個性を深掘りしてブルーオーシャンを探して、生存領域を見つける必要があります。そのためには、一日一時間戦略を使って、今までのキャリアのなかで何に熱中して何を楽しいと思ったのか、感情をなぞって思い出してください。

このとき、一つコツがあります。働きたい業種やジャンルで考えずに、あくまで働きがいに着目することです。

金属加工の会社に勤めている人が、商品や金属加工の技術には興味がなくとも、見方を少し変えて考えます。例えば、人と話すことが好きだという個性があれば、営業部でお客様と話すことであれば働きがいを感じることができるかもしれません。

物事を客観的に見て分析するのが得意なのであれば、販売促進部や、経営企画部といった部署への配置転換を願いでるというロードマップを描いてもいいでしょう。このように短絡的に業種やジャンルだけで見るのではなく、働きがいや環境など楽しい、面白いと思える毎日がつくれないか考えてみましょう。

簡単には部署異動はできません。会社は個人の願望など通してくれません。だからこそロードマップをつくって、どう交渉したら会社が言うことを聞いてくれるのかを考え続ける必要があるのです。

サラリーマンのロードマップの描きかた

私のサラリーマン時代もまさに、嫌なことを日々こなす働きかたをしていました。ファッションは大好きなので、アパレルという業種は希望の就職先とも言えます。しかし、私の職種は販売員です。知らない人と話すことは、好きではありませんでした。一人で黙々と仕事をするほうが性に合っているので、不向きな職種です。それでも持ち前の体育会系気質でなんとか乗り越えていましたが、20代も後半に差し掛かるにつれ、苦手なことをこのまま一生続けるのかと、未来に対して絶望と閉塞感を覚えました。

そんなさなか、ＥＣ販売というアイディアを思いつき、まさに私にとっては生存領域だと直感しました。しかし当時の会社は全国に60店舗ほどあるアパレルの販売会社で、リアルの対面販売・接客で、いわば成り上がった企業です。オンライン通販など歯牙にもかけていません。もっとも15年以上前の話ですから、アパレルのオンライン化は発展途上であり、今とは異なりネットで売れる服は安いものといった認識でした。実際に、高価格帯の服はまったく売れず、会社で扱っているブランド商品はオンライン化などできないだろうと誰もが思っていました。そもそもホームページすらありませんでした。

しかし、ZOZOの台頭によってにわかにネット通販に追い風が吹きます。私は、EC販売が実現したら、誰にも会わず黙々と興味のある服の仕事ができるかもしれない、と企画書を作成して上司にプレゼンしたところ、門前払いをくらった話しは先述したとおりです。

なにしろオンラインの「オ」の字も知らないおじさんたちに新しいEC販売が理解できるはずもありません。当時の社長には、インターネットは提案ができなかから、まとめ買いもされない、いちいち一点一点売っていたら効率が悪いとよくわからない理屈でダメ出しをされました。おそらくリコメンド機能の精度など知りようもなかったのでしょう。

それでも私は食い下がりました。そこで年間３０００万円という売上目標が登場したのです。当時の販売員は年間３０００万円を売れば優秀とされ、仮にネット販売で３０００万円を売ることができたら、店頭に立つ必要はありません。

そこで私が考えたのは、相手が何を求めているかです。会社が何を求めているか、どうしたら会社は私の提案にのってくれるのか。交渉しながらひたすら考えました。

時間外労働でネット通販を一年やらせてもらい、そこで年間３０００万円以上を売り上げたら店頭から退いてＥＣ事業に専従したい。

会社が求める売り上げをクリアすれば、会社にリスクはありません。そうしてようやくゴーサインを勝ち取ったのです。

ここからは地獄でした。毎日11時に出社して、12時から20時まで店頭で接客をして、その後、会社の経費で買った４万円のノートパソコンでＥＣ事業の準備と運営をひたすら行う日々の始まりです。これが一年続きました。

ロードマップは、「目標：店頭から退き、ＥＣ事業部を社内ベンチャーで立ち上げる」「手段：時間外労働で年間３０００万円をＥＣ販売で達成する」ということになります。

その一年間は、信じられないほどキツい毎日でしたが、一年と少しで、目標数値を叩きだして、ひと悶着の末、２年目で５０００万円を達成し、３年目は社内で事業部をつくり、最年少部長となったのです。今では笑い話ですが、会社と交渉する際は録音しておきましょう（笑）。

サラリーマンこそ交渉しよう

そもそも会社と従業員に優劣はありません。

日本人は、会社が上で従業員は下という認識があるように思いますが、契約関係としては対等です。やりたい仕事があり、やってほしい仕事がある、ＷＩＮ－ＷＩＮの関係で成り立っているのが本来であり、奴隷のように一方的に使役されるものではありません。

まず、会社と交渉をするという当たり前の行為を覚えましょう。多くの人は、会社の命令には唯々諾々としてすべてを諦めて受け入れ、交渉という発想には至りません。しかし、あなたは奴隷ではありません。ちゃんとサラリーマンとしての要求を伝えるようにしてください。

もちろん駄々をこねる、ワガママを言うのではありません。日本人は交渉という文化に慣れておらず、会社が要望を聞いてくれるわけがないと断じてしまいますが、ワガママを言うことと、要望を伝えて交渉することは、正反対の行為です。

ワガママとは「我がまま」ですから、自分の都合を相手に押しつけることを指します。これは当然のことながら組織として受け入れられることはありません。

しかし私が言っているのは交渉です。

交渉とは相手の言い分と自分の言い分の交差点を探ることです。組織に対してメリットを提案して、その代わり自分もメリットを享受する、あくまでＷＩＮ-ＷＩＮを前提に行うものです。

例えば、交渉の材料としてわかりやすいのは、売り上げ目標です。一年の売り上げ目標を交渉材料として提案して、2年目の働きかたはこうしてほしいと要望を出します。

また、働きかたの環境を変えてもらうための交渉をしてもいいでしょう。現場にどうしてもウマが合わない人がいるので、一緒には働きたくない。取引材料となる提案をして、達成できれば、この人から離してほしいと要望します。

上長や先輩など話の通じそうな人とコミュニケーションをとり、自分の理想を叶えるための方法を探り、会社と交渉をします。一年、ないし二年計画を立て、理想の働きかたがつかめるようにロードマップを設定するのです。

会社にとってメリットになることは、売り上げだけでなくともいろいろな取引材料があるはずです。あらゆる可能性を探ってロードマップをつくるようにしてください。

配置転換の可能性を探っても、どうしても実現不可能であれば転職を考えましょう。

転職であっても、方法論はまったく同じで、スキルが足りないのであればロードマップをつくってスキルを獲得します。

何より大事なことはパッ見で判断して思考を停止しないこと。できなさそうだ、ダメそうだではなく、どうしたらできるかを考えてください。時間をつくって考え続けましょう。成果はその先にあります。

サラリーマンは理想にこだわりすぎない

本項最後に伝えておきたいことがあります。サラリーマンである以上、１００％理想の働きかたをすることはできません。それは起業家も同じです。

１００％の理想にこだわるのはワガママです。

サラリーマンも起業家も必ず人と仕事をしています。相手がある以上、すべて自分の理想どおりにはなりません。相手の都合に合わせねばならないときもある。それが社会というものです。

理想はもちろん大事ですが、自分のなかに許容範囲を設けておくことも考えましょう。

例えば、この働きがいのためには、一部の人間関係は目をつむるといったことです。人生すべてを好きなことだけに費やすことは不可能です。社会とは贈与と包摂、助け合いで構成され、我々人間は社会的生物だからです。社会に利を与える、共同体に譲るからこそ存在を許されています。ハチが集めた餌をコロニーに献上するのと同じ理屈です。

理想は大事ですが、理想以外のすべて排除するようなことは非現実的だと思ってください。自分の許容範囲も意識してロードマップをつくっていくことをおすすめします。

【本業と副業で生きる】

次に本業の傍ら副業を始める人生です。最近では副業を認める企業が増えてきました。サラリーマンをしながら、副業でも楽しむ。これもまた人生の選択肢の一つです。人生のゴール設定をして、理想の暮らしを模索した際に、本業だけだとお金が足りない。でも本業は働きがいがあってやめたくないといった場合は、副業を視野に入れる必要があります。

そもそも収入の柱が本業しかないサラリーマンは、改めて考えると非常にリスキーな存在です。会社と一蓮托生であるがゆえに、人生の選択肢を狭くしています。会社組織で考えれば一目瞭然で、取引先一社しか収入がない状況は、危機的だと思います。複数の収入源をつくってリスクヘッジを行うことは、当たり前の経営判断です。

しかし、ほぼ大多数のサラリーマンには収入源がたった一つしかありません。私はサラリーマン時代に、この異常性に気がつき、あらゆる副業に挑みました。アルバイトはもちろん、ＦＸなどの投資、転売、アフィリエイト、情報商材、自分で営業して案件をとるなど、サラリーマンが考えうるありとあらゆることをやってきました。

この項目ではそんな経験をもとに、サラリーマンでありながら、副業で稼ぐ生きかたのヒントを提案していきましょう。

副業は簡単に稼げる

多くの方は副業で稼ぐ自分の姿がイメージできないでしょう。本業の仕事で手がいっぱいなうえに、そもそも副業のスキルがないからです。

しかし、繰り返しになりますが、スキルは、ロードマップをつくってコツコツとクリアしていけばいいのです。半年、一年かけてスキルを学び、そこから副業で収益を出していくことは決して難しいことではありません。

例えば、典型的な副業に動画編集があります。現在、ＹｏｕＴｕｂｅ、ＴｉｋＴｏｋなどの普及によって需要が拡大しているにもかかわらず、供給が追いついていないため、引く手あまたです。私も一応45万人のチャンネルを持つＹｏｕＴｕｂｅｒなので、動画の事情についてはは心得があります。

動画編集を副業にしている人は、そのほとんどがクラウドソーシングサイトに登録して業務を請け負っていくやりかたをしています。この場合は、登録サイトに手数料がとられ、ライバルも多いので、安い単価で数をこなす薄利多売になります。すると一応、副業としては成立するものの、大変なわりに大きな稼ぎには至りません。

副業にも差別化は必要ですが、クラウドソーシングでは差別化にはなりません。まず、あなたの顧客は誰なのか考えましょう。私であれば、クラウドを介さない直営業を目指します。ＹｏｕＴｕｂｅｒでショート動画やＴｉｋＴｏｋに対応できていない人を顧客として定義します。

そのためにまず、縦型のスマホ対応動画の制作に特化して数か月勉強してスキルを獲得します。次に、顧客に直接ＳＮＳのＤＭで営業をかけていきます。

その際に、すでにあるその人のＹｏｕＴｕｂｅの動画から縦型ショート動画を１本つくり、サンプルとして添付します。

「これよかったら使ってください！　チャンネルが大好きでつくってみました！　ショート動画であれば専門的に勉強したので、僕に任せてもらえませんか⁉」

ここからは先述した交渉を行います。最初に先方にメリットを提案することで返事が得られる確率を上げておいて、無償提供の代わりに、実績として自分のブランディングに使わせてもらうよう交渉していくのです。

さらに細かく顧客を定義するなら、20～30万登録程度の中堅ＹｏｕＴｕｂｅｒを狙います。知名度はあるけど実際ＹｏｕＴｕｂｅ単体ではそこまで利益が出ていないはずなので、ショート動画の無償提供は願ったり叶ったりだと思います。知名度はあるので自分の実績としても宣伝効果があります。

この経歴をもとに、請け負ったＹｏｕＴｕｂｅｒより下位に甘んじているＹｏｕＴｕｂｅｒにＤＭで営業をしていき、そこからはきちんとギャラをもらっていきます。クラウドソーシングよりもはるかに高い単価で編集を請け負うことができるでしょう。なにしろ「〇〇チャンネル」をつくったという実績があり、すでにきちんとブランディングされているので、有象無象の副業編集者ではありません。

ショート動画の作成スキルは時間と根気さえあれば誰でも簡単に学べます。あとはこうした差別化のアイディア次第で副業でも簡単に稼げるようになるでしょう。

副業が続かない理由

ただし、これはあくまでも私が考えた一例です。

稼げるかどうかだけに着目して興味のないことや好きでもないことを副業にすると失敗します。半年もしないうちに息切れしてやめてしまうでしょう。

なぜやめてしまうのか。それは、その副業をやらなくても生きていけるからです。本業を怠ると死活問題なので一所懸命やりますが、副業はあくまで副業です。副業を諦めても生活できるのであれば、人間のモチベーションはそう長く続きません。

「①副業で成功したら豊かな生活が待っている」と「②副業を諦めれば貧しいけど楽な生活ができる」という選択肢において、①を選ぶことは基本的にはできません。

雲をつかむような想像の範囲でしかない豊かな生活よりも、今、楽をしたいと思うのが生物として当たり前だからです。水の低きに就くが如し。人も動物ですから、無理に努力するのでなく楽なほうへ楽なほうへと流されていきます。ライオンですら、今食べるのに必要な量しか獲物をとりません。一週間先の未来に向けて無理をしてたくさん獲物をとったりはしないのです。

それでも①を選ぶ人は、優秀だからではありません。原動力となるモチベーションが存在するからです。

副業が続く理由

原動力となるモチベーションはゴール設定が明確であれば湧きでてきます。漠然とした豊かな生活を目指すのではなく、具体的にこういう暮らしがしたいというビジョンがあるほど、それは原動力たりえます。自分の理想の暮らしかたをきちんと考え、それに基づいた必要な金額をはじき出し、明確な目的があってはじめて、人は稼ぐことに頑張れるようになるのです。

繰り返し述べてきたとおり、年収1000万円に満たない人は、年収1000万円を稼ぐ理由がないので、そもそも原動力たりえません。なぜ1000万円が必要なのか、どういった生活をするためにどれだけの収入が必要なのか。それが明確でない限り、ゴールのないマラソンを走り続けることはできないのです。ゴール設定ができてはじめて、人は目的を持って走ることができるようになります。

漠然としたものに原動力は発生しません。漠然とした願望は、常に楽ができるほうに流されてしまうのです。

副業が続くもう一つの理由は、好きなことをしている場合です。

例えば、最近はやりの古着の転売などはこのケースが多いと思います。絵を描くのが好きでイラストの発注を受けているという人も案外多く、またごく稀に、分析することが大好きで投資で成功している なんて人もいます。

もともと興味があって好きな分野である場合、それはもはや趣味です。働いているという感覚が希薄になるので、楽なほう、低いほうへと流されることがありません。子供のころにテレビゲームが大好きで、でも、「楽だからゲームをやらない」とはならないでしょう。楽しいからやる、この原動力は寝食を忘れて没頭できるので、無敵なのです。

趣味をやりながらお金を稼げるので、収入のみならず人生の幸福にも大きく寄与します。個人の幸福度も社会性も同時に満たしてくれる、これ以上ない素晴らしい時間の使いかただと思います。奴隷とはまったく異なる生きがいでしょう。

前項「サラリーマンとして生きる」で、どうしても働きがいが得られない場合は、本業はリスクヘッジとして捉え、なるべく短い時間で業務を終わらせるというロードマップもありえると思います。その代わりに副業を充実させて楽しむ。

好きなことをどうお金にするかはこれまで述べてきたとおり。肝心なのは仕事になりそうなことで好きなことを考えるのではなく、好きなことをまず考えて、それをどうお金にするか考えることです。これもまた第一章で説明したとおりです。

【起業して生きる】

サラリーマンで起業を夢見る方は多くいます。起業すること自体は別にハードルの高い行動ではありません。前項「副業」で出てきた動画編集も、本業にすれば起業できます。会社をつくるのも今ではさほど難しいことではないので、数十万円の諸経費と実印があればすぐにできます。もっとも最初は個人事業主から始めたほうがよく、ほぼノーコストで実現できます。起業したい、経営者になりたいといっていつまでも行動しない人がいますが、そんな夢は実は一日で実現可能なのです。明日にでもできます。

経営者になるという夢は結構ですが、なぜ起業したいのかを考えてみましょう。そのやりたいことは、サラリーマンでは実現できないのか、副業ではダメなのか、わざわざあえてリスクをとって起業する意味を今一度考えてみてください。

起業・経営者と聞くと自由で解放されたイメージがありますが、まったくそんなことはありません。税務上やらなければならないことが多く、また不安定なため契約で困ることが多発します。一番厄介なのは、賃貸物件の契約でしょう。どの程度納税をしていて、どの程度の売り上げがあるのか、サラリーマンでは考えられないほどシビアに判断されるので、私自身も起業当初は事務所や住む家に困りました。

煩雑な人間関係に苦心しない、通勤時間から解放されるといったメリットはあるものの、前項のとおりサラリーマンでもこれらを解決する術はあります。最近ではテレワークやリモートワーク、フレックス制度も増えてきているので、起業に重きを置く理由はさほどありません。

このように、なぜ起業しなければならないのかと突き詰めていくと、サラリーマンでも副業でもいいという結論にたどり着く人は少なくありません。

実は私も、何がなんでも起業したいと思っていたわけではなく、当初、副業で始めたものがビジョンとして見えはじめ、収入が逆転した結果に、本業化しました。

起業しなければ人間としての尊厳が獲得できないとか、どんなに四面楚歌でも覚悟があるといった確固たる理由がない場合は、私のように副業からスタートするのがいいのではないかと思います。

多くの方におすすめするのは、副業で一年間ほど実績を積んでから独立なり、起業することです。サラリーマンであれ副業であれ起業であれ、いずれの場合も幸せに働くことが目的なので、これらを選ぶのはあくまで手段に過ぎません。

幸せに働くという目的のなかに起業する必要があるから起業するのであり、起業が目的になってはいけません。あとはやることは同じです。好きなことや得意なことをどうお金にするのか、前章で解説したとおり、あなたの顧客は誰なのか、差別化した情報収集で市場調査などを行うなどして、可能な限りストレスを減らし、やりたいことで幸せに生きるということです。起業はあくまで手段でしかありません。

【仕事を諦めて生きる】

意外かもしれませんが、仕事を諦めるというのも人生の選択肢の一つです。

そもそもあらゆることは手段なのです。仕事も家族も我々の命すらも手段です。大いなる目的である幸せに生きること以外は、すべてそのための手段に過ぎません。命ですら、短い時間だけど最高の生きかたをするという意味において手段になりえます。病気が末期状態で延命治療を断る人は、自分が選んだ幸せのために命さえ削ります。仕事は幸せに生きるための手段でしかなく、家族も幸せに生きるために必要であればつくればよく、必要でなければ一人で生きてもいいのです。幸せの形は人それぞれです。

他人が決めた価値観ではなく、あなたがどうしたいかが肝心です。就職して一所懸命働いて家族をつくって子供を産んで育てて、そうした暮らしが「是」だというのは他人が勝手に決めたものです。必ずしもすべての人に当てはまるわけではありません。これで人がすべて幸せになるわけではないのです。

幸せの形は自分で決めるべきものであり、その権利はあなたにあります。奴隷とは王様に言われたまま生きることであり、他人の価値観に従って生きることです。あなたが奴隷から解放されるためには自分の価値観で自分が思う幸せをつくることが必要です。そのなかで、働きがい以外にも自分の幸せの形があるのであれば、それでいいのです。

もちろん仕事を諦めるといっても、無職で食べていくことはできません。生きるためには働いてお金を稼ぐ必要があります。しかし働くことに幸せを見いだせないのであれば、労力と時間を最小限にとどめる工夫をしていきましょう。

自分が望む最低限度のお金が得られる労働時間を設定して、なるべく短縮できるようにロードマップをつくっていきます。転職も一つの選択肢になり、配置転換・部署異動によって休日の多い働きかたをするのも一つです。働きかたをコンパクトにする代わりに、家族との時間や趣味、あなたが望む幸せの形を充実させましょう。

私は音声配信アプリＶｏｉｃｙで人生相談コーナーをやっているのですが、その際こういった相談がありました。

「私は公務員で自分の好きな働きかたができません。仕事は退屈で充実しているとは言いがたく、とはいえ、将来や家族のために公務員をやめることも考えていません。好きなことを仕事にすれば人生の多くの時間を充実させることにつながるというロジックには賛同できるのですが、私の状況ではどう実現すべきでしょうか？」

このような場合において考えうることは２つあります。

一つはもちろん転職です。好きなことを仕事にするために転職をすすめますが、ただ公務員の安定した暮らしは捨てがたいので、そもそも転職する動機になりません。

そこでもう一つ、趣味に生きることをすすめています。仕事は生きる手段だと捉えて最小限の労力と時間にとどめ、空いた時間で余暇を思い切り楽しむ生きかたです。仕事に働きがいを求めない生きかたも、もちろんあります。

繰り返し述べているとおり、仕事は人生のなかで大多数の時間を占めます。できれば好きなことに従事したほうがいい。ですが、家族の幸せのために、今のポジションを捨てる必要もありません。公務員もすべからく仕事を楽しむべし、というつもりはありません。自分の価値観を他人の判断に任せるのではなく、求める理想の暮らしかたや働きかたを、自信を持って選べばいいのです。

生きかたに迷っているあなたへ

本章最後に、人生に迷いがあるときの解決法についてコツを書いておきます。
サラリーマンとして生きるべきか副業をすべきか、自分のとるべき行動について迷い悩むことは多いかと思います。日々の仕事や恋愛でもにっちもさっちもいかないことはあります。

そんなときには、悩みや迷いを紙に書き出して考えるという癖をつけてください。もちろん物理的な紙でなくてもパソコンのメモ帳に書きだしても結構です。要は、悩みをいったん自分の体から離すことをやってみてください。

皆さんは悩み相談をされたことありますか？　友人や知人から悩み相談をされたときに、なんでこんな些細なことで悩んでいるのだろうと疑問に思ったことはありませんか。もう答えは出ているのに、と。
それは、当人が主観で考えているからです。物事を主観だけで考えていくと、サンクコストに支配されます。サンクコストとは回収不可能なコストを指し、ここまで頑張ってきたのに、今さらやめるのはもったいないなど過去に使ったお金や労力など、とり戻すことができないものに拘泥してしまうことです。

恋愛や投資などで正常な判断ができず、いわゆる「損切り」ができない状態の人の多くはサンクコストに支配されているといっていいと思います。

やめようが続けようが過去に使ったお金や労力は戻ってきません。現在とるべき行動を決める判断にはなんの役にも立ちません。判断や決断するにあたって大事なのは、どちらが幸せかといった基準だけであり、過去のコストを持ちだすことは、主観的で非論理的なのです。

客観的にこうした状況を観察すると、感情やサンクコストに引きずられることなく、正しい判断ができるようになります。他人の相談ごとが簡単に思えるのは、サンクコストがないからです。

客観的に見れば、常に答えは簡単です。答えがだせずに悩んでしまうのは主観的だからです。しかし、我々は自分の悩みを自分から切り離すことはできません。神様の視点で自分を客観的に観察できれば簡単に解決しますが、自分という枠組みから自分の意識を切り離すことができません。

そこで、自分の悩みを他人事のように客観的に観察する方法があります。紙に書きだすことです。

紙に書きだせば物理的に体から悩みを切り離すことができます。神様の視点のように悩みを客観的に観察することができるので冷静に判断しやすくなります。

例えば悩む2つの項目AとBがあるなら、「Aを選ぶメリット」「Aを選ぶデメリット」、「Bを選ぶメリット」「Bを選ぶデメリット」を書きだします。

具体的には、「今の仕事を続けるメリット」「今の仕事を続けるデメリット」、「今の仕事をやめるメリット」「今の仕事をやめるデメリット」です。

こうして紙に書きだして客観的に観察することで、他人事のように冷静に判断がしやすくなります。これは認知心理学的な手法であり、感情的にならず冷静に判断できる確立されたメソッドです。

人生において重要な判断をする際に、参考にしてみてください。

第4章　自分らしく生きていこう

「こうすべき」ではなく「こうしたい」

本書は自分らしく生きていくためのロードマップを描く方法を説いてきました。奴隷のように、他人から仕事を決められ、自由を持たず、疑問を許されず、夢や願望を諦めさせられるような働きかたから解放され、人間として自分らしく生きていこうとするものです。

考えてみれば我々は他人の価値観にどっぷりと洗脳されています。

高度経済成長期、工業化で経済発展を遂げた日本。歯車のような量産型のサラリーマンを育成すれば、経済発展に一直線に寄与することから、教育や社会構造が画一的になりました。家を建てて車を買い結婚して子供を育む。大量消費こそが幸せだと他人が決めたモデルケースのような幸福感を誰もが疑わずに受け入れて、その名残りは現在にまで続いています。

しかしもちろん何度も書いてきたとおり、幸せとは自分が決めるもの。誰かに言われて感じるものではなく、自分だけのものなのです。しかしながら私たちは社会に生きるなかでそうした自分らしさを求めることをすっかり忘れています。好きなことがわからない、自分には何が向いているかわからない、何をしたいのかすらわからないと迷子になっています。

当然、自分の幸せがつかめないので、お金、会社、出世といった他人が決めた価値に沿って生きることになります。しかし、そうしたものを求めても一向に充足感は得られません。それもそのはず、他人から与えられた人生を生きて、どうやって幸せを感じるのでしょうか。それはまさに奴隷の生活です。

では幸せはどうすれば得られるのか、自分らしく生きるとは具体的にどういうことなのか。本章では、本書の核となる部分を改めて考えていきます。

前章で述べたとおり、自分が望む自由な働きかたを求めましょう。「こうすべき」ではなく「こうしたい」を大事にしましょう。多くの人は「こうしたい」という願望を見いだしたとしても、できないと諦めてしまいます。しかし前章までの思考と行動によって諦めずにすみます。

できないことをできるようにするために、ロードマップを描いてゴールを設定してください。そのために考え続けてください。思考ではなく脊髄反射でジャッジをした瞬間に試合は終了です。

ギターの練習と同じです。ある曲を弾きたいのであれば、弾きかたを一つひとつ練習して習得していくから、一曲を弾ききることができるのです。こんなの無理だろうと思えるような楽譜も、毎日練習していくことで実現していく。パッと見でできることしかやらなければ、ギターはいつまでも弾けるようにはなりません。

考え、準備し、行動する。これによって自分らしい働きかたを獲得していくのです。

思考すればアイディアは湯水のように湧きでてきます。

昭和の時代には、個人ができることは限られていたので、他人の価値観に従わざるをえない部分がありました。

しかし現代はSNSやネットのおかげで個人にできることが飛躍的に増えました。自宅にいながら世界に情報を発信することも、海外に商品やサービスを販売することも、著名人と直接やりとりすることも、思考やアイディア次第でなんでも可能になりました。できることは無数にあるのです。

檻も開き、手錠の鍵もついていないのに、奴隷のままでいることはありません。自由に外に出て思うままに「こうしたい」を実現するのです。私たちは人間なのですから。

自分らしさを取り戻そう

「こうしたい」という理想を語るには、感覚を取り戻すことが大切です。

私たちは、お金は大事なもの、仕事は嫌でも頑張るもの、上司には服従など無意識に信じていますが、これらの価値観はいったいどこからきたものなのでしょうか。

私たちは社会を生きるなかで、常識や慣習といった社会がつくった価値観に毒されていて自分の頭で考える感覚をなくしてしまっています。無条件にこうした他人の価値観に縛られているからこそ、自分の好きなことすら答えられなくなってしまっているのです。

子供のころに好きなことを聞かれたら、無限に答えられたでしょう。

食べることが好き！　ゲームが好き！　サッカーが好き！　３組のあの子が好き！

頭のなかは無限に好きなことであふれていて、それを求めて毎日が彩りを帯びていたはずです。しかし大人になると、いつの間にか、好きなことがわからないと悩んでしまう。自分らしさや自分の理想を語ろうにも、社会という制約のなかで自分の価値観が失われてしまっています。

そこで、自分本来の感覚を取り戻すためにおすすめの方法が２つあります。

一つは、小学校三年生の自分を隣に連れてくることです。小学校三年生くらいの過去の自分を、常に隣に連れて今の自分を見せてください。そこで、当時の自分が今の自分を見て、どう思うかを想像してみてください。

三年生の自分が「うわああ！　僕こんなカッコいい大人になれるんだ！　早く大人になりたい！」と思うなら、今やっていることは正解です。

しかし三年生の自分が、こんな大人になんてなりたくないと悲しむようなら、今やっていることはまちがっています。

嫌な上司に頭を下げている姿や、ＳＮＳで他人の炎上に加担して誹謗中傷する姿を見て、小学校三年生の自分はカッコいいと思うでしょうか。これは自分の根源的な美意識を思い出すためのメソッドです。

なぜ小学校三年生かというと、ある程度の判断ができ、かつ社会の常識や慣習の影響を受けていない年齢だからです。我々は大人になると、仕事だから仕方ないだの、疲れているからしょうがないといって、とかく言い訳をつくりがちです。社会的であろうとするあまりに、自分らしさを見失っている状態です。これが長く続いた結果、好きなことすらわからない状態になってしまうのです。

自分の美意識を取り戻すために無垢だった子供の視点を取り入れましょう。お金のため、仕事のため、会社のためでなく、自分の美意識、カッコいいかカッコ悪いかで判断することも必要だと思います。

もう一つは子供のころに育った街を、ゆっくりと歩いてみてください。

通学路を、当時を思い出しながら一人で歩いてみます。今も同じ土地に住んでいるという人であっても通学路を歩くことはしないでしょう。ぜひ噛み締めながら歩いてみてください。私は、年に一回、必ず通学路を歩くようにしています。

通学路を歩くと、いろいろな感情や感覚があふれ出てきます。とくにその土地を離れて以来、歩いていなかった人は効果絶大でしょう。子供のころの感覚、大事にしていたもの、熱中していたこと、毎日何を思い、将来に何を夢見ていたのか。あなたが本質的に求めていることや生まれながらにして持っている価値観を再確認できるはずです。

私は何度やっても家族の姿が思い出されます。私の家族は小学校六年生のころにバラバラになりました。父の会社が倒産して多額の借金を抱え、両親は離婚し、生まれ育った土地を去り、父と祖母とは離れ離れになりました。

思い出されるのは食卓です。何十年も前に売りに出されて他人が住んでいる家の情景。そこでは、兄と祖母を含む家族5人でいつも笑いながら楽しく暮らしていました。しかし、お金のせいで仲がよかった家族はバラバラになりました。お金に対する強烈なトラウマとともに、いつもおにぎりつくって笑ってくれていたおばあちゃん、いつも冗談を言って笑わせてくれたお父さん、いつもいろんなことを心配して先回りして準備してくれたお母さん、いつも優しく頼りにしていたお兄ちゃんといった、かけがえのない家族の顔が思い出されるのです。

歩くたびに私が本質的に求めているのは、いつも家族の幸せなのだと感じます。仕事で財を成すことでも、名前を後世に残すことでもない。ただ自分の大切な家族とできるだけずっと一緒に笑っていたい。

だから私は家族との時間を大切にするよう心掛けています。東京での仕事がいくら忙しくても、他愛のない話しをするためだけに新潟に帰ります。今はこの世にいない父を思い出し、母には愛情をもって恩返しをし、兄にはいろいろなことを相談しています。そして何より家族の生活を守るために仕事を続けています。

もちろんそうした家族のことともに、自分が熱中していたこと、自分の根源的な欲求にも触れることができます。

自分にとって何が大切なのか、何に熱中していたのか、何が好きなのか、何に幸せを感じるのか。美意識や価値観を見失ってしまった人は通学路を歩いてみてください。

モチベーションのつくりかた

自分が大事にしたい人は誰なのか、その人に何をしてあげたいのか、その人に何を見せてあげたいのか。

この観点から人生を振り返ると、自分らしさや求める理想の生きかたのヒント、そして何より働くモチベーションの源泉がわかるようになります。


人は自分のことだけでは頑張れません。自分がいい暮らしをしたい、いい家に住みたいなど、自分だけが主語になったものは、結局は原動力にはならないのです。

なぜかというと、自分のことであれば我慢できるからです。しかし他人や社会を巻き込むと、そのためになんとしてでも頑張らねばならないという気概と覚悟が生まれます。例えば、家族を養うために一所懸命になれる人はいますが、自分だけの暮らしのために一所懸命になれる人は実に少ない。

私たちは集団で生きる社会的生物であり個人の欲求より社会の欲求を優先します。なぜなら一人では生きられないからです。第1章でも例に出したミツバチが集めた餌をコロニーに持ち帰るのと同じです。自分で餌を食べてしまうようなミツバチはコロニーから追い出されてしまいます。社会的生物は社会で生存権を得るために、集団のためになる利他的な行動をとるものです。無論それは自分が生きるための利己的な行動と捉えることもできますが、解釈はいずれにせよ、集団のために生きる本能を持っていることに相違ありません。

第1章で通勤の例を取り上げました。何か行動を継続することは難しい。しかし、通勤という毎日決められた場所に時間どおり行くという困難な習慣は継続できています。筋トレや勉強は継続できないのに、なぜ雨の日も雪の日も満員電車に乗って通勤できるのか。それは誰かに迷惑がかかるからです。

人は自分のためだけでなく他人のために生きることのほうが原動力になります。大切な人に苦労させたくないという願いは、自分のことよりもはるかに強いモチベーションを生むのです。人間は人間関係から逃れることができません。人間とのかかわりあいのなかでこそ幸せが得られるのです。

ギターを練習するには、先にバンドを組んだほうが上達は早くなります。練習しないとメンバーに迷惑がかかるからです。これは強烈なモチベーションになります。仕事もチームを組んで連絡報告ができる環境をつくったほうが成果につながりやすく、個々のモチベーションも上がっていきます。

そしてあなたにとってもっとも大切な人に何をしてあげたいのか。そこには自分らしさも介在するので、これほど強烈なモチベーションになるものはありません。誰のために何を成し遂げたいのか、常に念頭においておくとやる気が尽きることはないでしょう。

疑問を持つことを恐れるな

自分らしく生きるためには疑問を持つことを恐れてはいけません。

私たちは他人の価値観や常識、慣習にすっかり浸かっています。もちろん常識や慣習が悪いわけではありません。誰もが社会を円滑に生きられるために暗黙のルールとして存在するのが常識や慣習です。

しかしながら慣習に縛られすぎると自分らしさが失われてしまい、思考停止になりかねません。自分の好きなことすら見失っているのは、その典型です。

常識や慣習が自分にとって本当に正しいのかどうか、疑問を持ってみてください。

卑近な例でいえば起床時間です。私は起業した際には昼前まで寝ていました。もともと夜型だったので仕事が深夜に及び、サラリーマン時代のフラストレーションも重なって、朝起きられなくなりました。

昼前に起きるたびに自己嫌悪に陥ります。皆はもう出社して働いているのに、自分はぐうたらしていていいのだろうか、と。しかし、皆と同じ時間帯に始業しなければならないという感覚そのものがおかしかったのです。夜に集中して仕事をして、昼まで寝るのも立派な選択肢です。こうした当たり前とされることにも疑問を覚え、本当に正しいかどうかを確認する癖をつけましょう。

私はファッションの仕事をしています。パリ、ミラノのコレクションを20年追いかけてきて、それらの知見を言語化する能力は日本屈指だと自負しています。ＹｏｕＴｕｂｅなどでも培った知識をベースにコンテンツを配信していますが、とある日、フォロワーの方にこんな相談を受けたことがあります。

「自分もファッションが好きになりました。好きなことで仕事ができればと思っているのですが、コンテンツをつくろうにも体系的な知識がまるでありません。ＭＢさんはどうやって詳しくなったのでしょうか。おすすめの書籍などありますか？」

過去20年間のコレクション資料を集めて目を通して言語化するために抽象化していく作

業を繰り返せば、私と同じような知見が得られると思います。しかし、これは私のコンテンツのつくりかたであって、質問者の方が疑問に持つべきは、そこではありません。コンテンツをつくるのに、その分野に習熟している必要があるのかどうか、今一度考えてほしいのです。

例えば、「ゼロから一緒に学ぶファッションの世界」「ド素人がおしゃれに成長していくチャンネル」など、知らないからこそ、閲覧者の共感にリーチできるコンテンツもありえます。今日学んだファッション用語や、今日調べたブランド、毎日一つひとつブランドに詳しくなって一年で３００ブランドの知識を得ましょう、といった視点も面白いと思います。当たり前だと思われることに疑問を持てば、それは差別化につながり、自分らしい働きかたやアイディアにもつながっていきます。

疑問を持つということは、当たり前である常識に問いかけ、本質を探る行為です。それはすなわち差別化の一歩につながっているのです。

ネガティブをひっくり返そう

「そうは言われても俺には無理だよ」。

本書を読んでもまだネガティブな思いに囚われている方。大丈夫、私も同じでした。

家業が倒産し一家離散。貧しい青春時代を送り、パニック障害を患い引きこもりになり、大学は7年通う羽目になりました。仕事は地方の販売員で年収は200万円。顔も脳みそも秀でたものがなく、30歳を過ぎてもネガティブな想念に悩まされ続けました。

自分は何も持っていない、何も成し遂げられない、結局、何もできないまま生涯を終えるのではないか。42歳になる今でも自分に自信が持てません。

物事には表があれば必ず裏があります。見かたさえ変えればネガティブもポジティブにひっくりかえります。私は人様にファッションを提案する立場でありながら、ファッションセンスは皆無でした。学生時代からクラスの一軍の陽キャたちを見て、自分はどうしてああなれないのだろうと常々羨ましく思っていました。

しかしながら、センスがないからこそ、センスのない人の気持ちがわかるのです。ネガティブに考えると、センスがないとおしゃれにはなれませんが、ポジティブに捉えれば、センスがないからこそ、センスのない人の気持ちがわかります。おしゃれになれないからこそ、おしゃれになれない人の悩みがわかるのです。

だから私は初心者向けにユニクロを使ったファッション指南で人気を博すことができたのです。

学歴も職歴も能力も何もないからこそ、奴隷の生きかたや考えていることがわかります。落合陽一さんや堀江貴文さんのような能力も商才も頭脳も一切ない。だからこそ持たざる者で奴隷のような働きかたを強いられている人の気持ちがわかるのです。

多面的にモノを見る尊さを覚えましょう。

できないからといって卑下することはないし、できないのにできるフリをする必要もありません。自分に嘘をついてはいけません。自分を飾る必要もない、ただ見かたを変えて考え続ければ私にもあなたにも生存領域が残されています。

弱者だからこそできることがある。奴隷だからこそ王を討つことができるのです。悲観するよりまず思考し、見かたを変え、行動しましょう。この本に難しいところはありません。ただ考え続けることです。

誰にでも旗を掲げて自分らしく生きる権利があります。自分の判断で自分が望む人生を歩む自由があります。

あなたがやるべきこと

最後に大事なことをお伝えします。

本とは本書に限らず抽象的なものです。ドラッカーもスティーブン・コヴィーも成功法則となるものはすべて抽象的です。なぜなら、広く伝えるには、具体例ではなく、抽象的にならざるをえないからです。

ドラッカーは「事業は顧客から創造される」と説きました。しかしこれではなんのことかわかりません。事業とは自分にとって何か、顧客とは自分にとって誰か、こうした具体化の作業をしていかなければ理解できない仕組みになっています。

ドラッカーが具体的に、練馬区の八百屋はニンジンをこの価格でこの農家から仕入れよう、とは指示しません。それは練馬の八百屋へのアドバイスにしかならないからです。成功法則など本当に大切なことは広くあまねく伝えるために抽象的な表現になります。

本書も、顧客を定義しましょうと説きましたが、これを読んでいる印刷業の山本さんは、○○というユーザー層を顧客として定義しなさいとは書いていません。広く多く伝えるためには抽象的な表現となり、具体的に書けば特定の人に深くは伝わるけど限定的な人にしか響かなくなります。

考えてみたらおかしいと思いませんか。書店には成功法則を語る本が山ほど置かれているのに、なぜ世間に成功者は一握りしかいないのでしょう。世界のトップビジネスマンが認めた成功法則であるドラッカーに嘘はないはずです。それは読み手が具体化する作業を怠っているからです。

書籍やコンテンツは本質を抜き出した抽象的な表現にならざるを得ません。読者は、自分だったらどうするのか、自分の環境や状況であればどう応用するのか常に具体化していく作業が求められます。

本書も、物事の本質を伝えるべく、なるべく具体化したつもりではいますが、それでもやはり読み解く力が必要になります。その鍵はあなたが持っています。いかに自分ごととして捉え、自分だったらどうするか、自分の人生だったらどうなのかと具体的に考えていくことが必要になります。

この具体化していく作業こそが、奴隷の戦いかたにほかなりません。

言われたとおりにやるのであれば奴隷のままです。本書の言われたとおりにやるのではなく、自分で考え自分に当てはめ具体化していく作業をするからこそ、自分らしさが宿るのです。

上司に言われたとおり、社会に決められたとおりではなく、自分が決めた理想を自分で努力してつかむこと。それがすなわち奴隷からの卒業です。

自分が愛するものを愛し、愛する人を愛す。

そんな当たり前の権利を行使しましょう。奴隷のように他人の価値観に従うのではなく、自分で思考して自分で行動し自分で理想をつかむ。手順はここでお伝えしたとおりです。手順はヒントに過ぎません。やるのはあなたです。

もし命がたった一度しか宿らないのなら。生まれ変わりは存在しないのなら。自分の理想のとおりに存分に生きて、最後命尽きる際に、目を閉じる瞬間に、生まれてきてよかったと思いたいでしょう。

僕たちは奴隷ではありません。

人間としての当たり前の生きかたを、人生の理想をつかみましょう。この本はそのヒントとなるものです。どうか皆さんのこの先の人生に幸運が舞い降りるよう願っています。

本書はここで終了です。音声配信アプリＶｏｉｃｙでは、「ＭＢの『もっと幸せに働こう』‼」というチャンネルで、哲学やビジネスにおける内容を毎日配信しています。無料なので、本書で興味を持っていただけたら一度聴いてみてください。

また人生相談のコーナーもあり、具体的にどうすればいいかといったアドバイスも承っています。ぜひアクセスいただければ幸いです。

ＭＢの『もっと幸せに働こう』‼

https://voicy.jp/channel/1723

おわりに

「カッコいいとはなんだろう」

子供のころからずっと疑問に思っていました。中学生のころに同級生がおしゃれに目覚め、カッコいいという言葉が飛び交うなか、その言語感覚がわからずに戸惑っていたことを今でもよく覚えています。

きっちりと定義された言葉でないと理解できない。言語感覚に疎い私は、どうしても抽象的な観念である「カッコいい」がつかめずにいたのです。パリやミラノの歴史からファッションを勉強していくにつれ、シルエットのバランス、色の配置、デザインの妙など、その理屈は理解できましたが、それでもなお、カッコいいという状態がわからずにいたのです。「おしゃれ」は理解できた、でも「カッコいい」と「おしゃれ」は何か違う。こんな疑問を高校生のときにずっと考えていたのです。

服が大好きになったころ、当時の洋服屋の店員の心ない一言で傷ついたことがあります。90年代の洋服屋といえば、まだバブルの残り香があり、店員はぶっきらぼうで客を選ぶ立場にありました。今では考えられませんが、「そんな格好でウチの店に来たの?」と苦笑され、恥ずかしさと悔しさで居ても立ってもいられない気持ちになったことがあります。

そのときにもやはり、おしゃれとカッコいいは違うのではないかと思ったのです。たしかにその店員はおしゃれだったけれど、カッコよくはありませんでした……。

大学生のころ、精神疾患を患い、引きこもりになったとき、ふと自分の人生は終わったと感じました。パニック障害になって公共交通機関を使うと発作が起きて行動できなくなるからです。教室にいることもできず、ひどいときは家を出ることができませんでした。友人が就職活動にいそしむなか、私は大学の単位すらまともにとれていません。すべてのことがひどく空虚に感じられ、何もかもやる気を失っていたころです。

そんななか、珍しく家でパニック発作が起きて錯乱状態になったときがありました。たまたま家にいた兄が驚いて私を抱きしめてくれました。

「大丈夫か千広！　大丈夫だぞ、お兄ちゃんがいるからな！」

何度も何度も私の名前を呼んでくれ、強く抱きしめてくれたことを私は生涯忘れないでしょう。いつも軽口ばかりの兄でしたが、心のなかでは私を常に心底から心配してくれていて、何かあったら全力で助けてくれる。私はそう理解しました。

そしてこれが「カッコいい」ことなのだと理解したのです。誰かのヒーローであること、誰かの心の支えであること、誰かを愛し誰かを救えること、これこそが「カッコいい」という価値観であり、それを象徴しているのが、まさに兄でした。いつも何事にも怒らず優しく私を助けてくれる兄を、今でも世界で一番尊敬しています。そして私も兄と同じように誰かのヒーローになりたい、そう思い続けてきました。

本書では、皆さんの助けになりたいと思い、筆をとりました。仕事ではありますが、お金儲けのためではありません。本書の印税は、全額寄付に充てるつもりです。また今回執筆時には、いわゆる聞き書きをしていただくライターをつけていません。

私のことを知っている方ならお察しいただけるかと思いますが、アパレルのデザイン業のみならずＹｏｕＴｕｂｅはほぼ毎日更新、哲学や生きかたを説く音声配信アプリＶｏｉｃｙも毎日更新、毎週３万文字のメルマガを一週欠かさず配信し、加えて各種出演や執筆など時間がとにかくありません。

そうした著者は普通ライターをつけて本を執筆するものですが、本書は自分の手で書きたくて一文字たりとも他人の手を借りずに書きました。

どうしようもない私です。褒められた人生ではありません。後世に名を残すこともありません。

しかしこんな私でもカッコよくありたい。誰かのヒーローになれたらと思い、自分の知っていること、経験したこと培ったことのすべてを書いたつもりです。

しがない洋服屋の私ですが、おしゃれだけでなく、カッコよさの片鱗に触れられるよう、精一杯頑張って執筆しました。少しでもそれが皆様の心に届いたのなら、これ以上の幸福はありません。最後までお読みいただき本当にありがとうございました。また本書が皆様にとってお役に立てるように祈っております。

最後に本書にかかわってくださった扶桑社犬飼孝司さん、江口裕人さんをはじめすべての方に感謝いたします。お読みくださった読者の皆様、そして大切な私の家族と、「カッコいい」を身をもって私に教えてくれた最愛の兄に本書を捧げます。

どうか皆様の人生が理想で満たされたものでありますように。そして皆様が「誰かのヒーロー」として愛される日々でありますように。

本書印税のすべてを、親や家族を亡くした子供たちを支援する団体「あしなが育英会」へ寄付いたします。僕にとっての兄のような「ヒーロー」のいない子供たちのために。どうかすべての人が幸せな道をつかめますように。

MB（エム・ビー）

インフルエンサー、作家、実業家。大学卒業後、地元新潟県のアパレル企業に就職、セレクトショップの販売員から店長、バイイングに携わる。在職中にECサイトを社内ベンチャーにて立ち上げてゼロから年商3億円を達成。その傍らでメルマガやブログでファッション情報を発信し多くの読者を得る。2013年に独立後、自身のファッションブランド「MB」を興し、D2Cブランドの先駆けに。現在は2社を経営、1社で年商10億円以上を築く。作家として『最速でおしゃれに見せる方法』（小社）を刊行、マンガ『服を着るならこんなふうに』（KADOKAWA）の原作を担当し、関連書籍は累計200万部を突破。YouTube「MBチャンネル」の登録者は44万人、X、Instagram、Voisy など SNS フォロワーは15万人を超え、名実ともに斯界の代表的な存在となる

ロードマップ

発　行　日　2025年4月1日　初版第1刷発行

著　　　者　MB
発　行　者　秋尾弘史
発　行　所　株式会社　扶桑社
〒105-8070
東京都港区海岸1-2-20　汐留ビルディング
電話　03-5843-8194（編集）
03-5843-8143（メールセンター）
www.fusosha.co.jp
印刷・製本　サンケイ総合印刷株式会社

定価はカバーに表示してあります。

造本には十分注意しておりますが、落丁・乱丁（本のページの抜け落ちや順序の間違い）の場合は、小社メールセンター宛にお送りください。送料は小社負担でお取り替えいたします（古書店で購入したものについては、お取り替えできません）。

なお、本書のコピー、スキャン、デジタル化等の無断複製は著作権法上の例外を除き禁じられています。本書を代行業者等の第三者に依頼してスキャンやデジタル化することは、たとえ個人や家庭内での利用でも著作権法違反です。

©MB 2025 Printed in Japan　ISBN978-4-594-09820-9